JOHN NEUMEIER · TRAUMWEGE

JOHN NEUMEIER
TRAUM WEGE

PHOTOGRAPHIE/JOACHIM FLÜGEL
TEXT/JOHN NEUMEIER

Design: Peter Schmidt Studios, Hamburg
Zusammenstellung des Werkverzeichnisses: Anne Liese Dahleke

Satz: Adolph Fürst & Sohn, Berlin
Lithos: ABC-Clischés Bauer KG, Hamburg
Druck: Hans Christians Druckerei, Hamburg
Einband: Ladstetter Verlagsbuchbinderei, Hamburg
ISBN 3-7672-0666-8
Printed in Germany 1980

Leonard Bernstein: April 17, 1980

John Neumeier is not only a fascinating and gifted choreographer: he is a thinker, and a profoundly mystical poet. It is rarely, if ever, that I make a transatlantic trip to attend a single event, but I have done so twice for Neumeier events: once for *West Side Story* and again for that unforgettable evening of ballets to my music. Both journeys were intensely rewarding, and indicative of the great esteem in which I hold this treasured colleague and friend.

INHALT

Ivan Liska
Persephone Samaropoulo

Persephone Samaropoulo
Ivan Liska

Was mich von Jugend an fasziniert hat an Shakespeares »Sommernachtstraum«, ist die geniale Verflechtung von drei ganz unterschiedlichen Welten. Die Welt im Tanz wird entscheidend von der Musik bestimmt. Darum habe ich mich entschlossen, die drei Welten zuerst durch drei verschiedene Musiken zu definieren und voneinander zu trennen und dann zu jeder dieser Musiken ein passendes Bewegungsvokabular zu entwickeln. Dadurch wird die Verflechtung und Verwirrung zwischen den Welten sowohl akustisch wie optisch klar, und man sieht, wenn einer sich in eine ihm fremde Welt verirrt; er tanzt dann sozusagen zur falschen Musik.

Mendelssohns Musik für die erste deutsche Aufführung des Stücks 1828 in der Schlegel-Tieckschen Übersetzung gibt die reale Welt, die Zeit der Handlung wieder.

In meiner Feenwelt ist »grenzenlose Energie«, um das überirdische Element darzustellen, anstelle von Pailletten und Tüll.

Natürlich muß man die drei Welten, nachdem man sie auseinandergenommen hat, wieder zu einem Ganzen zusammenschließen. Wie? – Zunächst durch eine Rahmenhandlung, die Hochzeit von Theseus und Hippolyta. Dann durch die Figur des Puck, der durch alle Welten rast, sie durcheinanderbringt und sie nachher wieder auseinandersortiert; dieses Verbindungsglied ist sehr wichtig. Aber am Ende vielleicht am

Shakespeare schrieb das Stück vermutlich aus Anlaß der Hochzeit von William Stanley, Earl of Derby, mit Elizabeth Vere.

Das Komische in einem Ballett muß nicht nur aus der Situation, sondern auch aus der Komik der Bewegung selbst kommen.

entscheidendsten ist das einheitliche Thema, das dem Stück zugrunde liegt und in den drei Ebenen auf verschiedene Weise dargestellt wird: das Mysterium der menschlichen Liebe in ihren tausend rührenden, erotischen sowie höchst komischen Varianten.
Ich wollte das Ballett einmal »Ein Sommernachtstraum – oder Variationen der Liebe« nennen.

Ivan Liska
Magali Messac

Marianne Kruuse

Eric Emmanuele
Klaus Arp
Caspar Hummel
Richard Gibbs
Max Midinet

Zhandra Rodriguez

Kevin Haigen

François Klaus
Kevin Haigen

Zhandra Rodriguez
François Klaus

Zhandra Rodriguez
François Klaus

Normalerweise lassen sich diejenigen Figuren der Literatur am besten in Tanz umsetzen, die etwas tun – denn im Ballett lebt eine Idee nur durch sichtbare Aktion. Aber diese Tanzaktion muß nicht einer »realen« Aktion einer Tat entsprechen – denn Bewegung kann auch einer metaphysischen oder spirituellen Handlung eines Menschen Form geben. Mein Ballett »Hamlet« spielt fast ausschließlich auf solch inneren Emotions- oder Traumebenen. »Hamlet« ist ein Stück, dessen reale Handlung nicht sehr viel »Tanzbares« anbietet (darum könnte ich mir auch kein abendfüllendes Hamlet-Ballett vorstellen). Mein Ballett konzentriert sich auf ein einziges Handlungsmoment: auf die Situation nach dem Mord, die Reaktionen auf diese Tat und die Konsequenzen aus diesen Reaktionen.

Wichtig ist nicht, ob ein Kunstwerk seine Inspiration von einem anderen Kunstwerk nimmt, sondern wichtig ist, ob das neu entstandene Kunstwerk eigenes Leben besitzt.

Die vier Hauptpersonen, mit denen das Ballett beginnt, geben – ohne genauere Zeit- oder Ortsbeschreibung – ein Bild ihres inneren Zustands, ihre emotionale Reaktion auf die Aktion: sie alle müssen »über eine Leiche gehen«, um weiterleben zu können.

In diesem Ballett gibt es keine historische Zeit- oder Ortsbeschreibung – die Tänzer haben keine erkennbare Außenwelt – außer ihrem eigenen Körper.

Max Midinet
François Klaus
Roy Wierzbicki

François Klaus
Magali Messac
Max Midinet
Roy Wierzbicki

Max Midinet
Magali Messac

Marianne Kruuse
Max Midinet
Magali Messac
François Klaus

»Stirb« (Schubert). Das langsame Erlöschen eines Lebens – Trauer um den Verlust eines Mitmenschen, Erinnerungen und das Verstörtsein der Zurückgebliebenen als Aspekte des Sterbens in ganz formalen, choreographischen Bildern.

Zuerst habe ich an einen Goethe-Titel für diesen Ballettabend gedacht – »Stirb und Werde«. Sehr dramatisch, ja, aber in diesen zwei Worten sind sicher die beiden wichtigsten »Wendungen« unserer Existenz ausgedrückt.

»Werde« (Mahler). Die Geburt eines Menschen und seine Entwicklung – d.h., tänzerisch gesprochen, das Entdecken von Bewegung.

Ich habe mich dann für den eher an Rilke erinnernden Titel »Wendungen« entschieden, denn der Name beschreibt für mich auf poetische Weise den Weg ins Leben und aus dem Leben. Die Ballette sollen nicht etwas darstellen oder dramatisieren, sondern – wie Poesie – suggerieren.
Für die Verbindung der beiden Musiken von Schubert und Mahler waren einige (sicher subjektiv gesehene) Eigenschaften dieser Werke ausschlaggebend. Neben ihrer starken melodischen Erfindungskraft und einer manchmal überraschenden Naivität war die Ambivalenz dieser Musik am wichtigsten. In beiden Kompositionen spüre ich ein dauerndes Wechselspiel zwischen Intuition und Ordnung, zwischen Emotion und Form.
Ich *höre* eine Innen- und Außenwelt, die ich durch Bewegung optisch zu übersetzen versuchte.

Marianne Kruuse
Chantal Lefèvre
Persephone Samaropoulo
Ivan Liska
Max Midinet

Ballettensemble

Lynne Charles
Ivan Liska

Rosa Sicart
Persephone Samaropoulo

Persephone Samaropoulo

Max Midinet
Ivan Liska
Lynne Charles

Rosa Sicart
Persephone Samaropoulo

Die vielen Wiederholungen Schuberts haben für mich eine sehr genaue und tiefe dramaturgische Bedeutung, sie sind wie ein Wunsch – wenn ein Leben zu Ende geht, wenn vielleicht der Tod naht –, noch einmal zu leben; sie sind wie die Wiederkehr des einen Gedankens »noch einmal« – ein ganz menschlicher Gedanke.

Rosa Sicart
Marianne Kruuse
Lynne Charles

Magali Messac
Ivan Liska

Colleen Scott
Roy Wierzbicki

Magali Messac
Kevin Haigen
François Klaus

Kevin Haigen

Magali Messac
François Klaus

Leslie Hughes
Kevin Haigen

Magali Messac
François Klaus

Magali Messac
Ivan Liska

Magali Messac und Ensemble

François Klaus
Magali Messac
Kevin Haigen
und Ensemble

François Klaus
Magali Messac

Magali Messac
François Klaus

Magali Messac
François Klaus
Kevin Haigen

Magali Messac
Kevin Haigen
François Klaus

Zu Mahlers Vierter:
Es scheint mir, die Sinfonie drückt eine doppelte Sehnsucht aus: die Sehnsucht eines Kindes, erwachsen zu sein, und die Sehnsucht eines Erwachsenen nach der Reinheit, nach dem verlorenen Paradies seiner Kindheit. (Tagebuch Neumeier, Skiathos, Juli 1976)

Kevin Haigen
François Klaus
Magali Messac

Mit »Dornröschen« fanden Tschaikowsky und Petipa zum sinfonischen Ballett. Weder inhaltlich noch formal ist es ein dramatisches Werk. In halb allegorischen, halb mythischen Formeln erzählt es von dem »Sieg der Liebe über die bösen Mächte«, vom Glauben an die »Liebe als tragende Lebenskraft«. Die choreographische Konzeption hat Petipa auf 4 Adagios basiert, die er im Bewegungsvokabular untereinander verbunden und leitmotivisch aufeinander aufgebaut hat. Um sie herum sind die übrigen Teile komponiert. Die Adagios verkörpern die Kernpunkte der dramaturgischen Anlage, die Phasen, in denen sich die Handlung entfaltet. Sie konzentrieren die Erzählung auf die zentralen Momente und versinnbildlichen wie ein Nukleus den poetischen Gehalt des Märchens.

Bei der Suche nach der Essenz eines Balletts ist natürlich die Musik von wesentlicher Bedeutung.
Als erster Komponist seines Jahrhunderts hat sich Tschaikowsky nicht damit begnügt, eine effektvoll begleitende Untermalung des Szenariums zu schreiben.

Seit der Uraufführung ist bald ein Jahrhundert vergangen. Ich habe Petipas Handschrift mit unserer gegenwärtigen Bewegungssprache konfrontiert und hoffe, in der Gegenüberstellung von originalem Zeitstil und moderner Choreographie den Charme der Perraultschen Vorlage wieder zu entdecken und neu

Mit dem Märchen erzählt »Dornröschen« auch ein Stück Ballettgeschichte und vereint in sich, eingebettet in den ursprünglichen Märchenstoff, die Vergangenheit unserer Kunst in der Gegenwart.

zu beleben. Perrault hat sein Märchen in seiner eigenen Epoche angesiedelt; Dornröschens Erwachen fiel in seine Zeit; ihr Einschlafen geschah genau hundert Jahre früher.

Petipa und Wsewoloshki, der Direktor der Kaiserlichen Theater, vollzogen diese Pointe nicht nach und verlegten die Geschichte aus politischen Erwägungen in die Zeit Ludwigs XIV. und Ludwigs XV., zwischen Hochbarock und Rokoko. Durch das Transponieren in eine weit zurückliegende Epoche, für die man kein klares Zeitgefühl mehr haben konnte, wurden die zeitlichen Proportionen, die auch den Reiz und die Eigenart dieses Märchens ausmachen, verwischt. Hier liegt der Spielraum einer modernen Inszenierung. Die Intaktheit des Kunstwerks nicht anzutasten und dennoch den Geist der Vorlage in einigen Zügen deutlich und verständlich herauszustreichen, das ist der Rahmen, in dem sich eine Neufassung bewegen kann.

Modernisierungen im Detail dürfen das Essentielle dabei nicht verdecken.

Colleen Scott
Kevin Haigen
Max Midinet

Max Midinet
François Klaus
und Ensemble

Max Midinet
Kevin Haigen

Max Midinet
François Klaus
Lynne Charles
und Ensemble

François Klaus
Colleen Scott

Colleen Scott
François Klaus

François Klaus
Colleen Scott

Was ist an Dornröschen klassisch?
Klassisch ist einmal die verwendete Tanztechnik – denn dieses Werk basiert auf dem klassisch-akademischen Kanon, wie er sich seit der Gründung einer Ballettschule durch Ludwig XIV. entwickelt hat.
Für mich als Choreographen, der nicht unbedingt revolutionär sein will, ist es unsinnig, das, was bisher geschaffen wurde und sich erhalten hat, zu verneinen.

Chantal Lefèvre
Laure Balon
Gabrielle Günthard
Giselle Roberge

Max Midinet
Kevin Haigen
Beatrice Cordua
Victor Hughes
Marianne Kruuse
Charlotte Bremer-Wolff

Marianne Kruuse

Ivan Liska

Marianne Kruuse

Lynne Charles
François Klaus

François Klaus
Lynne Charles

»West Side Story« bedeutet für mich gewissermaßen eine ›Heimkehr‹, denn gerade dieses Musical geht zurück zu den Wurzeln meiner professionellen Arbeit am Theater. Für meine Generation, die damals etwa so alt war wie die Personen im Stück und die sich dadurch besonders leicht mit ihnen identifizieren konnte, bedeutete die Uraufführung 1957 eine Theaterrevolution. Nach jahrelangen Balletterfahrungen hat es mich gereizt, zu einem Stück zurückzukehren, das ich damals genauestens kannte und heute natürlich mit anderen Augen betrachte. Ich sehe in der Form der »West Side Story« eine gewisse Parallele zu Glucks »Orpheus und Eurydike«; es handelt sich um zwei Musiktheater-Werke, die von ihrem formalen Typus her eng dem Tanz verbunden sind. Im Grunde gehört es zur Natur eines solchen Stücks, daß es von einem Choreographen inszeniert wird.

Damals war es sicher eine sehr mutige Sache, daß ein Musical zum erstenmal mit dem Tod endet. Allerdings fand man den Ausweg, daß Maria (die ›Julia‹-Figur) sich am Ende nicht umbringt, sondern trotzdem weiterlebt. Dies erinnert mich wieder einmal an den durch Konvention bedingten Schluß in »Orpheus und Eurydike«.

Ich habe immer bewußt versucht, meine Tänzer mit sehr verschiedenen Arten von Tanztheater bekannt zu machen, damit sie eine möglichst große, vielseitige Bewegungsskala kennenlernen. In dieser Inszenierung

Die Rolle des Choreographen hat sich im Musical in den letzten 30 Jahren fast zur wichtigsten Person des Stücks entwickelt: Wendepunkt war Agnes de Milles Idee des »Traumballetts«, in dem die psychische Innenwelt eines Menschen durch Tanz dargestellt wird, so daß Tanz im Musical die Theaterhandlung nicht aufhält, sondern verdeutlicht und fortführt.

mußten sie noch einen Schritt weitergehen, denn alle Tänzer sollten singen. Sie studierten monatelang Gesang, und einige mußten sogar Text sprechen. Ich bin stolz, ein Ensemble zu leiten, das an einem Abend »Dornröschen« und am nächsten »West Side Story« tanzen kann – sogar mit der gleichen Darstellerin für »Aurora« sowie »Anybodys«!

STOP

Ensemble

Bernardo Hiller
Roy Wierzbicki
Terry Eno
Lynne Charles
Mark Diamond

Bernardo Hiller
Terry Eno
Mark Diamond
Michael Haase

Jet-Song/Ensemble

Terry Eno
Michael Licata

»Im Grunde ist ›Josephs Legende‹ in der Originalfassung ein Ballett, das hinter seiner Zeit zurückbleibt. Es arbeitet mit Stilmitteln und dramaturgischen Methoden, die während seiner Entstehung von Nijinskys umwälzenden, revolutionären Choreographien überholt wurden.«

Daß jemand verführt werden soll und widersteht, ist nicht abendfüllend.

Sowenig ich mit Strauss' reicher Ballettmusik anfangen konnte, so sehr entsprach mir Kesslers knappes, die Grundmotive ansprechendes Vorwort und so sehr gefiel mir das klare »Sinfonische Fragment«, in dem der Komponist später seine musikalischen Ideen zusammenfaßte. Beim tiefen Eindringen in das Alte Testament erstaunte mich dann, welch geringen Raum die Episode in Ägypten innerhalb der Josephserzählung einnimmt und wie wenig Wichtigkeit dem Vorfall in Potiphars Haus zukommt, verglichen mit der umfassenden Bedeutung der Josephsfigur. Es wurde mir bewußt, daß nicht nur Josephs doppeltes Sein, die menschliche und metaphysische Seite seines Wesens in den Mittelpunkt gerückt werden müßte. Auch der Kampf zwischen Potiphars Frau als Verkörperung menschlicher Erdgebundenheit und Josephs Mission, versinnbildlicht in der Person des Engels, müßten deutlich werden. Darüber hinaus galt es eine Form zu finden, durch die Josephs prophetische Funktion zu zeigen

Als mir 1977 die Möglichkeit angeboten wurde, »Josephs Legende« in Wien zu choreographieren, habe ich wiederholt die Musik angehört, Hoffmannsthals aufwendiges Libretto gelesen, ohne jedoch einen Zugang zu finden.

Immer schien mir die Diskrepanz zwischen dem schlichten Thema und seinen pompösen, überreichen musikalischen Verpackungen, schien mir der Widerspruch zwischen Inhalt und Mittel zu groß.

war. Außerdem galt es, diese abstrakte Idee, in welcher Gestalt auch immer, von Anfang an klarzumachen. Im Fall des »Don Quixote« hatte ich von vornherein eine sinfonische Tondichtung, eine Komposition vor mir, die auf jede ausführliche Handlungserzählung verzichtet, in der sich musikalisch Bild an Bild, Episode an Episode reiht. Statt einer für Ballett geschriebenen Partitur fand ich ein dichtes Stück Musik vor, das seinen eigenen Grundsätzen folgt und keine Rücksichten auf bewegungstechnische und ballettgewohnte Erzählweisen nimmt. Mich interessierte diese Musik. (Anders als bei »Josephs Legende«, wo ich vom Thema, vom Stoff ausgegangen war, stand diesmal die Faszination durch die Musik am Anfang. Sie hat mich berührt, Bilder in mir evoziert und zu Bewegungen inspiriert.) Auf der Suche einer dem Medium Ballett gemäßen Form begann ich den Roman zu lesen. Was mich in den vielen verwirrenden Geschichten und Episoden beeindruckte, war immer die Person ›Don Quixote‹ selbst, die Figur in ihrer Quintessenz sozusagen, die all diesem Wirrwarr Einheit und Sinn (Sinn im Unsinn) gibt, Don Quixote in seinem Wahn und Wahnsinn. Cervantes' Geschichte nachzuerzählen schien mir weder für Ballett geeignet, noch wichtig. Mich bewegte die Idee, eine Figur wie Don Quixote zu zeichnen – seine Träume und sein Irren zu beleuchten.

Es ist wie im Traum; man erlebt ein Geschehen, in dem die Bilder nahtlos wechseln, in dem man von einer Atmosphäre in die andere, von einer Sphäre in die andere versetzt wird, ohne zu wissen, wie einem geschieht.

Donna Wood

Donna Wood

Nach Kesslers Vorrede ist einer der vier großen Handlungsabschnitte der Josephslegende das Seelengemälde von Potiphars Weib. Vor dem Hintergrund des glänzenden Hofes war sie eine herbe Frau, deren Inneres aber gerade deshalb durch eine vollkommen neue, überraschende, wie vorher auch geahnte Erfahrung von Wärme gänzlich aus dem Gleichgewicht gebracht wurde. Diese Beschreibung mußte ich choreographisch übersetzen!

Donna Wood

Donna Wood

Kevin Haigen

François Klaus
Kevin Haigen

Donna Wood
Kevin Haigen

Donna Wood
Kevin Haigen

Ivan Liska
Donna Wood

Kevin Haigen
François Klaus

Kevin Haigen
Donna Wood

Kevin Haigen

Kevin Haigen
François Klaus
Donna Wood

Max Midinet

Max Midinet

Roy Wierzbicki
Max Midinet

Max Midinet
Roy Wierzbicki

Wem ist das Paar Don Quixote und Sancho Pansa kein Begriff?

So unterschiedlich, wie diese zwei Menschen sind, ist die choreographische Sprache meines Balletts. Sie pendelt ohne logischen Übergang zwischen Ballettgestik und konkreten Bewegungen aus Alltag und Sport. Auch die Ebenen wechseln überraschend, unvermittelt; und dem collageartigen Aufbau der musikalischen Komposition entspricht die fast revuehafte Folge der Tanzsequenzen. Es ist faszinierend, wie in der Musik eine Episode sich übergangslos in die nächste verwandelt, wie eine musikalische Stimmung in die nächste umschlägt.

Die Einheit des Balletts liegt in den Träumen dieser zwei Menschen.

Max Midinet
Roy Wierzbicki

Ausgangspunkt für mein Ballett war Richard Strauss' Tondichtung. Auch ihr Thema ist eigentlich der Wahnsinn Don Quixotes, dessen Zerrissenheit – musikalisch gesehen – zwischen unglaublicher Lyrik und abrupten, dissonanten Brüchen, zwischen höchst poetischen, melodischen und abgerissenen, mißtönenden Fragmenten und banalen Geräuschen hin und her pendelt. Strauss benutzt eine Reihe realer und realistischer Elemente in der Komposition. Zum Beispiel verwendet er eine Windmaschine und imitiert, was zu seiner Zeit ungewöhnlich und provokativ wirkte, lautmalerisch das Blöken einer Schafherde. Gerade dieser avantgardistische Aspekt seiner Musik, den wir heute rasch überhören, hat mich angeregt und die Wahl der choreographischen Mittel bestimmt.

Roy Wierzbicki

Beatrice Cordua
Max Midinet

Beatrice Cordua
Max Midinet

Beatrice Cordua
Max Midinet

Max Midinet
Beatrice Cordua

Roy Wierzbicki
Lynne Charles
Max Midinet
Ivan Liska

Ivan Liska
Lynne Charles
Max Midinet
Roy Wierzbicki

Das erste Shakespeare-Ballett hat seine Premiere in Stuttgart oder Ludwigsburg 1760. Sein Choreograph: George Noverne. Sein Thema: »Antonius und Cleopatra«.

Als John Cranko 1969 in Stuttgart an seinem Ballett »Der Widerspenstigen Zähmung« arbeitete, sprach er sehr oft von dem immer wiederkehrenden Thema Shakespeares: Schein und Sein.

Dies sei auch das Hauptthema seiner »Zähmung«, in deren Verlauf sich die Wandlung von Personen, die Rollen spielen, zu Menschen vollzieht, die sich selbst unmaskiert erkennen und annehmen. Am Ende wird die scheinbar böse Kate sanft; um das zu erreichen, mußte aber Petrucchio scheinbar Bosheit annehmen, Kate einen Spiegel vorhalten und sie dadurch heilen. Natürlich mußte Shakespeares Handlung für das Ballett vereinfacht werden. Bei Cranko machen weniger verschiedene Aktionen als die Entwicklung und Charakterisierung der beiden Hauptfiguren die allmähliche Wandlung – vom Schein zum Sein – deutlich.

Selbstverständlich sind deswegen die drei Pas de deux Kate–Petrucchio die wahren Höhepunkte des Balletts. Cranko hat mir selbst einmal den Aufbau dieser Pas de deux sehr einfach erläutert: Im ersten ist Kate die Stärkere, denn Petrucchio kommt als Freier, doch sie lehnt ab. Im zweiten ist sie nun seine Frau – und er bekommt die Oberhand. Im dritten legen beide ihre Rollen ab, und die Gleichgewichtigkeit ihrer Liebe wird sichtbar.

Ein Solo in einem Shakespeare-Ballett kann entweder die Innen- oder Außenwelt der betroffenen Figur schildern. In dem Fall Hamlet ging es um innere Ebenen, Petruccios Solo dagegen beschreibt das Offensichtliche, die Unbefangenheit seines Charakters.

Ivan Liska
Marianne Kruuse
Lynne Charles
und Ensemble

Marianne Kruuse
Ivan Liska

Ivan Liska
Marianne Kruuse

Ann Drower
Max Midinet

Kevin Haigen
Roy Wierzbicki
Lynne Charles
Max Midinet

Kevin Haigen
Lynne Charles

Immer wieder habe ich von meiner Faszination über die Möglichkeit, im Tanz eine Innen- und Außenwelt darzustellen und dadurch etwas über den Menschen und sein sinnliches und gleichzeitig spirituelles Leben auszusagen, gesprochen. Der Tänzer stellt durch seine nicht zu verleugnende Körperlichkeit (Körper = Instrument) eine Außenwelt dar, und durch seine Tanztechnik kann er das Instrument, seinen Körper, artikulieren und dadurch eine Innenwelt (eine übermenschliche, metaphysische oder Traumwelt) suggerieren.
In meiner Inszenierung »Orpheus und Eurydike« versuchte ich dieses Prinzip zu verwenden, hier aber Innen- und Außenwelt durch Tänzer und Sänger getrennt darstellen zu lassen. Die durchgehende Hauptfigur des Orpheus (selbstverständlich ein Sänger) stellt eine Bewegungsnorm dar; dagegen benutze ich Tänzer als Kontrast, um durch verschiedene Bewegungsebenen die Wanderung Orpheus' durch die Stufen seiner Leiden optisch klarzumachen.
Am Grab Eurydikes sind seine Mitleidenden noch Sänger und bewegen sich wie Orpheus selbst. Aber

sofort, wenn er in die Unterwelt eindringt, begegnet er monströsen Geschöpfen, deren Bewegungsart eine Perversion seiner eigenen darstellt. In gleicher Weise suggerieren die trippelnden, gewichtslosen Gestalten der Seligen Geister in ihren sich wiederholenden horizontalen Linien übermenschliche Ruhe. Auch die zeitbedingten, konventionellen Passagen der Halb-Reform-Oper sind durch stilisierten Barock, sogar artifizielle Bewegungen, ein Kontrast zur zeitlosen, von Orpheus dargestellten Trauer. Ein »Bewegungsthermometer« sozusagen – mit Orpheus als Norm.

Wolfgang Schöne
und Ensemble

Wolfgang Schöne
und Ensemble

Wolfgang Schöne
und Ensemble

Kevin Haigen
Colleen Scott
François Klaus

Nach der Choreographie von »Le Sacre du printemps« begann Nijinsky sich mit dem Entwurf zu einem Bach-Ballett zu beschäftigen. Diaghilev, Walter Nouvel, Alexander Benois und Nijinsky trafen sich zu einem kurzen Urlaub in Baden-Baden und arbeiteten an der Zusammenstellung von Musik und der Konzeption des Stückes. Durch Nijinskys überraschende Heirat in Amerika wurden alle Pläne zunichte gemacht. Diaghilev, den eine tiefe, enge Freundschaft an Nijinsky band, war von dem völlig unerwarteten Schritt zutiefst getroffen und sah sich nicht mehr in der Lage, länger mit Nijinsky zusammenzuarbeiten.

Das Ballett »Vaslaw« sollte eine Huldigung an den Tänzer Vaslaw Nijinsky sein. Unter Verwendung eines von ihm nie realisierten Planes für ein Bach-Ballett wollte ich für die Nijinsky-Gala ein Divertissement für einige unserer Gäste und Solisten der Kompagnie als »Andenken« an Nijinsky choreographieren. – Nachdem ich die ersten beiden Pas de deux geschaffen hatte – in einer, gemessen an meinem früheren choreographischen Stil, neuen Einfachheit –, wollte ich sogar den Titel in »Harmlose Tänze« umändern.

Meines Wissens wäre dieses der erste Versuch gewesen, nach Musik J. S. Bachs zu choreographieren.

Aber bei der Arbeit mit Patrick Dupond hat sich der rein formale Charakter der Choreographie stark geändert. Durch Improvisationen mit ihm und inspiriert durch seine besonderen Qualitäten und seine technische Fazilität, ist eine neue Bewegungsart entstanden. Fragmente der berühmten Rollen und Choreographien Nijinskys haben sich überraschend in mein eigenes Bewegungsvokabular eingeschlichen. Es wurde unmöglich, im Andenken an Nijinsky zu choreographieren, ohne von seinem persönlichen Schicksal in der choreographischen Sprache stark beeinflußt zu

Gleichzeitig arbeitete Nijinsky am choreographischen Konzept der Josephslegende – das von Kessler, Hoffmannsthal und Strauss für ihn bestimmt war – als Hauptdarsteller und Choreograph.

werden. Der Instinkt Duponds verhalf mir zu diesem Miniporträt Nijinskys, das vorher nicht geplant war. Zuerst schien es mir, als ob ich zwei Ballette gleichzeitig kreiert hätte. Erst später wurde mir die Beziehung zwischen der Figur Vaslaws selbst und den nie realisierten, fast mathematischen Figuren *seiner* choreographischen Fantasie in *meiner* Choreographie klar.

In der Spannung zwischen diesen Tänzen und seiner immer weniger werdenden Artikulationskraft ist ein Psychodrama entstanden. Ich habe es erst viel später verstanden!

Homero Francesch
Ronald Darden
Kevin Haigen

Kevin Haigen

Choreographen haben sich über Jahrhunderte immer wieder von Gedichten inspirieren lassen. Dabei geht es bei den gelungensten dieser Ballette nicht darum, das Gedicht in seiner Gesamtheit »nachzuchoreographieren«, zu illustrieren, jede einzelne Idee in Bewegung wiederzugeben, sondern darum, sich von der starken Kraft der poetischen Vision oder von einzelnen Wortbildern inspirieren zu lassen. Wie Poesie im Wort, so spricht Tanz im Menschen Metaphern. Jedes der beiden Ballette hat einen bestimmten, wenn auch eher symbolisch gemeinten Spielort sowie eine Tageszeit, in denen es abläuft: »Songfest« findet im Park statt, im Freien, unter einem Baum, der Amerika bedeuten könnte; es beginnt am frühen Morgen und endet nachts. »The Age of Anxiety« spielt in einer Bar, beginnt nachts und endet am nächsten Morgen – in ebenjenem Park. Die choreographische Sprache ist amerikanisch, die Beziehungen und Grundprobleme sind allgemein menschlich.

Gedichte sind ähnlich wie Choreographien: die besten sagen das aus, was man nicht in Prosa oder Schauspiel ausdrücken kann.

Diese zwei Stücke sind meiner Ansicht nach perfekte Pendants – ein amerikanischer Komponist befaßt sich in zwei großen Werken mit amerikanischen Dichtungen, und all dies nun choreographisch realisiert von einem Amerikaner.

»The Age of Anxiety« dagegen hat einen verbindenden Faden. Für den Prolog in der Bar wollte ich eine andere, eine »realistische« Musik verwenden – als Kontrast zur Sinfonie, deren Anfang den Weg in die innere Existenz der vier Hauptfiguren darstellen soll. Auf meine Frage nach einem passenden populären Stück für diesen Zweck fiel Leonard Bernstein sein Lied »Ain't got no tears left« aus dem im Jahre 1944 entstandenen Musical »On the Town« ein, welches schon vor der Premiere wieder gestrichen worden war. Das Hauptthema dieses weggeworfenen Songs benutzte Bernstein später als Motiv im 4. Satz seiner 2. Sinfonie. Die Existenz dieses nie veröffentlichten Liedes schien mir wirklich schicksalhaft, denn diese musikalische thematische Verbindung zwischen dem Maskenspiel und der Bar des Prologs war genau das, was die verschiedenen Ebenen des Balletts klarmachen könnte. Der Song wurde im Stil von Glenn Miller orchestriert, um genau die Atmosphäre der vierziger Jahre im New York von Audens Gedicht wiederzugeben.

»Songfest« versucht, jedem der Gedichte ein formell choreographisches Bild zu geben, das nicht nur das Problem oder die Situation des spezifischen Gedichts berücksichtigt, sondern auch die besondere Welt eines jeden Dichters in Tanz umsetzen soll. Eine Essenz sozusagen – natürlich subjektiv gesehen.

Ivan Liska
Roy Wierzbicki

Roy Wierzbicki
Ivan Liska

Ivan Liska
Roy Wierzbicki
und Ensemble

Die Ballette zeigen Bewegungsbilder, welche aus den von mir empfundenen Gefühlen beim Lesen bzw. Studieren dieser Gedichte entstanden sind. Auch dieses »Gefühl« muß dann noch einmal übersetzt werden durch Bernsteins Musik. Seine Musik ist eigentlich in der Choreographie mein direkter Partner. Sie begleitet den Moment der Kreation, ist aber gleichzeitig der führende inspirierende Motor.

Persephone Samaropoulo
Beatrice Cordua

Kevin Haigen
Max Midinet
Lynne Charles
François Klaus
und Ensemble

Lynne Charles
Kevin Haigen
Max Midinet
François Klaus
und Ensemble

Genau wie Bernstein von seinem spontanen Inspiriertsein beim Lesen von W. H. Audens »The Age of Anxiety« berichtet, ging es mir beim Hören seiner Vertonung dieses Gedichts: als ich diese zweite Sinfonie zum erstenmal hörte, fesselte sie mich sogleich als ein unbedingt zu choreographierendes Werk.

Durch meine Arbeit an Gedicht und Musik ist folgender Aktionsablauf entstanden:

Prolog –

Vier Menschen treffen sich in einer Bar und fühlen sich in ihrer Angst voneinander angezogen.

Die Sieben Lebensalter –

Sie erinnern sich ihrer selbst als Kinder – traurig, daß die Reinheit in ihnen gestorben ist.

Die Sieben Stationen –

Zusammen machen sie eine Traumreise durch die Stufen ihres Unterbewußtseins, um eine Lösung zu finden.

Der Grabgesang –

Enttäuscht sehnen sie sich nach dem »riesigen Vater«, der alles gutmachen kann.

Das Maskenspiel –

Wieder enttäuscht, versuchen sie mit Gewalt im Tanz, ihre Trauer und Angst zu vergessen.

Epilog –

Dieser Rausch bietet ihnen am Ende auch keine Lösung. Allein gehen sie auseinander; ihr Glaube – vielleicht nur ein Traum von Hoffnung?

Lynne Charles
Ivan Liska
Kevin Haigen
François Klaus
Max Midinet

Lynne Charles
Kevin Haigen
Max Midinet
François Klaus

François Klaus
Max Midinet
Kevin Haigen
Lynne Charles

Weder mein Ballett nach Bernsteins Vertonung von Audens langem, symbolreichen Gedicht noch das nach 13 amerikanischen Gedichten gestaltete »Songfest« sind eine direkte Wiedergabe des Inhalts oder eine Handlung der Texte.
In dem fertigen Ballett müssen Wort und Musik zu optischen, menschlichen Bildern werden. Wichtig ist, daß die daraus entstehenden Bewegungen und Beziehungen in meiner Choreographie auch ihr eigenes Leben bekommen – unabhängig vom Gedicht oder der Musik.

François Klaus
Ivan Liska
Kevin Haigen
Max Midinet
Lynne Charles

Magali Messac
Kevin Haigen

Ann Drower
Judith Frege
Helga Völker
Page Perry
Gabrielle Günthard

Ivan Liska
Indrani Delmaine

Marianne Kruuse
Herbert Roth
Helga Völker
und Ensemble

Ensemble

Robyn White
François Klaus

John Neumeier
Ann Drower
Victoria Pulkkinen

Kevin Haigen
Chantal Lefèvre

Lynne Charles
Roy Wierzbicki

Pascal Le Royer
Judith Carlson

Leslie Hughes
Jean-Christophe Maillot

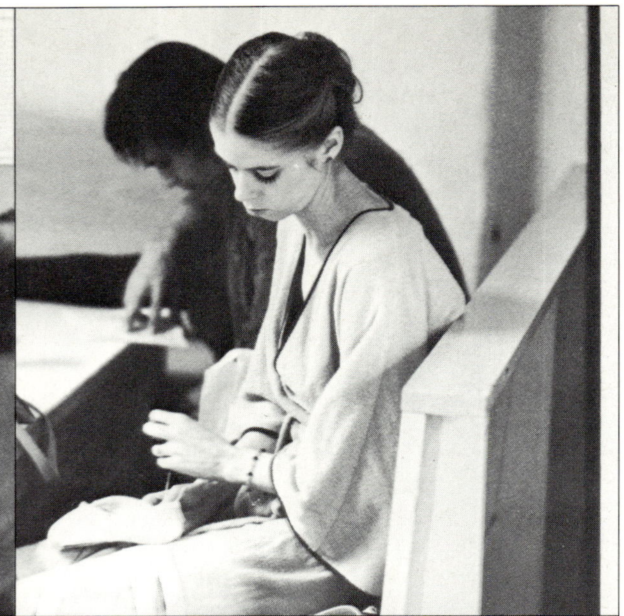

John

UNIQUE

Truman Finney

Ilse Wiedemann

Victor Hughes

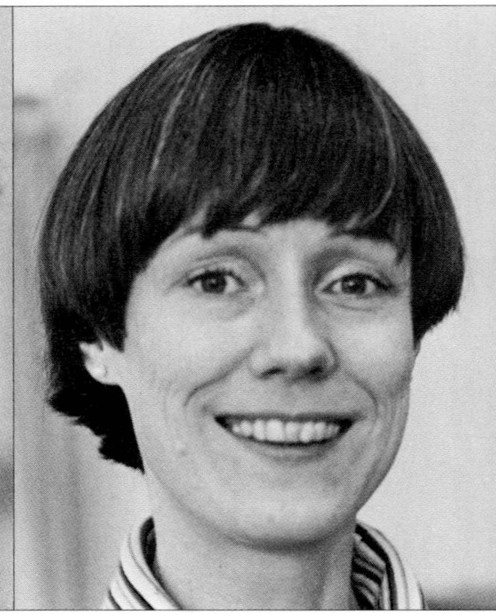
Susanne Menck

Rolf Warter

1960 The Hound of Heaven. Musik: S. Prokofjew. Marquette Univ., Milwaukee.

1961 Ludus Coventriae. Tanzdrama. Regie: Father John J. Walsh. Musik-Collage. Marquette Univ., Milwaukee. Aufzeichnung CBS-TV »Look up and live«, New York.

1961 23.6. The Temptation of Eve (Pas de deux). Aus: Ludus Coventriae. Aufzeichnung NBC-TV, New York.

1966 ARIA DA CAPO

Musik: F. Poulenc (Sextuor für Klavier und Holzbläser). Kostüme: John Neumeier. Premiere: 10. 7. 1966, Stuttgart, Schauspielhaus, Noverre-Gesellschaft. Mitw.: Marianne Kruuse, Dieter Ammann, Bernd Berg, Walter Raines.

HAIKU

Musik: C. Debussy (Danse sacrée et profane). Kostüme: John Neumeier. Premiere: 18. 12. 1966, Stuttgart, Schauspielhaus, Noverre-Gesellschaft. Mitw.: Marianne Kruuse, Christine Schwerdtfeger, Truman Finney.

Desgl.: Westdeutsches Fernsehen, 3. Programm, 8. 9. 1968. Produzent: Manfred Gräter, Regie: Klaus Lindemann.

1967 VON UNSCHULD UND ERFAHRUNG

Musik: A. Honegger. Kostüme: John Neumeier. Premiere: 17.12.1967, Stuttgart, Schauspielhaus, Noverre-Gesellschaft. Mitw.: Marianne Kruuse, Egon Madsen – Christine Schwerdtfeger, Truman Finney, Fiona Fairie, Dieter Ammann.

DER PRINZESSIN EINZIGES ABENTEUER

Musik: Mauro Giuliani. Kostüme: John Neumeier. Premiere: 17. 12. 1967, Stuttgart, Schauspielhaus, Noverre-Gesellschaft. Mitw.: Fiona Fairie, Truman Finney.

1968 SEPARATE JOURNEYS

Musik: Samuel Barber (Capricorn Concerto op. 21). Kostüme: John Neumeier. Premiere: 16. 5. 1968, Schwetzinger Festspiele, Stuttgarter Ballett. Mitw.: Marianne Kruuse, Egon Madsen – Sveinbjörg Alexanders, Fiona Fairie, Christa Schwerdtfeger, Truman Finney, Jan Stripling, Dieter Ammann.

STAGES AND REFLECTIONS

Musik: B. Britten (Variations on a theme of Frank Bridge). Ausstattung: John Neumeier. Premiere: 28. 12. 1968, Monte Carlo Opera House, Harkness Ballet. Mitw.: Lawrence Rhodes, Lone Isaksen, Helgi Tomasson, Karen Krych, Bonnie Mathis, Susan Whelan, Salvatore Aiello, James Dunne, Dennis Wayne, Lili Cockerille, Marina Eglevsky, Miyoko Kato, Jeanne Solan, Sara Yarborough, Lar Lubovitch, Gary Rambach, Robert Thomas, Morton Winston.

1969 FRONTIER

Musik: A. Bliss (Quintet for oboe and strings). Ausstattung: John Neumeier. Premiere: 26. 11. 1969, London, Sadler's Wells Theatre, Scottish Theatre Ballet. Mitw.: Elaine McDonald, Kenn Wells, Marian St. Claire – Terance James, Ashley Killar, Gernot Petzold; u. a.

1970 BRANDENBURG 3

Musik: J. S. Bach (Brandenburgisches Konzert Nr. 3) und Walter Carlos, Moog Syntheziser. Ausstattung: Dorothea Zippel. Premiere: 16. 3. 1970, Städtische Bühnen Frankfurt. Mitw.: Marianne Kruuse a. G., André Doutreval, Irene von Klenau, Petra Troitzsch, Riccardo Duse, Gwendolyn Murphy, Rose Roth, Rosa Sicart, Reka Tobias, Haydeh Tschangisian, Helga Völker, Helmut Baier, Arturo da Costa-Campos, Jiri Duchoslav.

FEUERVOGEL

Musik: Igor Strawinsky. Ausstattung: Dorothea Zippel. Premiere: 16. 3. 1970, Städtische Bühnen Frankfurt. Mitw.: Heidrun Schwaarz, Riccardo Duse, Beatrice Cordua, André Doutreval; u. a.

1970 UNSICHTBARE GRENZEN

(Abendfüllende Ballett-Collage, bestehend aus 3 Werken.) Ausstattung: John Neumeier. Premiere: 7. 10. 1970, Städtische Bühnen Frankfurt.

FRONTIER (Die Sperre)

Musik: A. Bliss. Mitw.: Marianne Kruuse, Maximo Barra, Reka Tobias, Helmut Baier, Fred Howald, Victor Hughes.

ARIA DA CAPO (Neufassung) (Der Zaun)

Musik: F. Poulenc. Mitw.: Irene von Klenau, Max Midinet, Truman Finney, Fred Howald, Riccardo Duse.

RONDO (Schranken)

Ballett nach einer Idee von Manfred Gräter. Musik: W. Cornyshe, J. Bark/F. Rabe, G. Mahler, J. Morthenson, Simon + Garfunkel. Mitw.: Beatrice Cordua, Marianne Kruuse, Persephone Samaropoulo, Maximo Barra, Riccardo Duse, Truman Finney, Angela Schmidt; u.a.

Dsgl.: RONDO: Ottawa, Canada, National Arts Centre. Royal Winnipeg Ballet. Premiere: 27. 7. 1971. Mitw.: Maria Lang, Ana Maria de Gorriz, Alexandra Nadel, Salvatore Aiello, Winthrop Corey, Craig Sterling; u. a.

Dsgl.: Fernseh-Produktion des ZDF. Regie: Klaus Lindemann. Mitw.: Beatrice Cordua, Marianne Kruuse, Persephone Samaropoulo, Maximo Barra, Truman Finney, Victor Hughes; u. a.

Dsgl.: Hamburg, Hamburgische Staatsoper, 18. 10. 1973. Mitw.: Marina Eglevsky, Persephone Samaropoulo, Magali Messac, Salvatore Aiello, Maximo Barra, François Klaus, Helga Völker; u. a.

1971 ROMEO UND JULIA

Musik: Sergej Prokofjew. Ausstattung: Filippo Sanjust. Premiere: 14. 2. 1971, Städtische Bühnen Frankfurt. Mitw.: Gräfin Capulet: Beatrice Cordua, Graf Capulet: Paul Herbinger, Julia: Marianne Kruuse, Rosalinde: Reka Tobias, Helena: Angela Schmidt, Emilia: Rosa Sicart, Tybalt: Fred Howald, Gräfin Montague: Gudrun Müller-Kutschera, Graf Montague: Peter Meier, Romeo: Truman Finney, Benvolio: Maximo Barra, Mercutio: Max Midinet, Graf Paris: Riccardo Duse, Bruder Lorenzo: Stephan Mettin, Isabella: Helga Heil, Valentin: Jiri Duchoslav, Sebastian: René Rickerich, Luciana: Irene Schneider, Lavinia: Silvia Winterhalder, Antonio: Victor Hughes; u. a.

Dsgl.: Kopenhagen, Kgl. Theater. Ausstattung: Jürgen Rose. Premiere: 20 12. 1974, Kgl. Dänisches Ballett. Mitw.: Gräfin Capulet: Mette Hønningen, Graf Capulet: Henning Kronstam, Julia: Mette-Ida Kirk, Rosalinde: Sorella England, Helena: Dinna Bjørn, Emilia: Lis Jeppessen, Tybalt: Tommy Frishøi, Amme: Lillian Jensen, Gräfin Montague: Gaby Dissmann, Graf Montague: Nils B. Larsen, Romeo: Ib Andersen, Benvolio: Arne Beck, Mercutio: Niels Kehlet, Graf Paris: Palle Jacobsen, Bruder Lorenzo: Michael Bastian; u. a.

Dsgl.: Hamburg, Hamburgische Staatsoper. Ausstattung: Filippo Sanjust. Premiere: 6. 1. 1974. Mitw.: Gräfin Capulet: Beatrice Cordua, Graf Capulet: Rolf Warter, Julia: Marianne Kruuse, Rosalinde: Rosa Sicart, Helena: Martine Giaconi, Emilia: Magali Messac, Tybalt: Fred Howald, Gräfin Montague: Darja Michel, Graf Montague: Kurt Brandstädter, Romeo: John Neumeier, Benvolio: Maximo Barra, Mercutio: Max Midinet, Graf Paris: François Klaus, Bruder Lorenzo: Caspar Hummel, Isabella: Marianne Manniegel, Valentin: Eugen Ivanics, Sebastian: Miklos Bognar, Luciana: Gaby Holtz, Lavinia: Silvia Winterhalder, Antonio: Victor Hughes; u. a.

PARADE

Musik: Eric Satie. Kostüme nach P. Picasso. Fernsehaufzeichnung für den Südwestfunk, 9. 3. 1971, Paris, Les Halles. Produzent: Hilmar Schatz. Regie: Kurt Gfeller. Mitw.: Marianne Kruuse, Persephone Samaropoulo, Max Midinet, Truman Finney.

DER NUSSKNACKER

Musik: P. I. Tschaikowsky. Ausstattung: Werner Schachteli/John Neumeier. Premiere: 21. 10. 1971, Städtische Bühnen Frankfurt. Mitw.: Marie: Marianne Kruuse, Louise: Persephone Samaropoulo, Drosselmeier: Max Midinet, Gunther: Egon Madsen, Fritz: Maximo Barra; u. a.

Dsgl.: Winnipeg. Ausstattung: Jürgen Rose. Premiere: 27. 12. 1972, The Royal Winnipeg Ballet. Mitw.: Marie: Marina Eglevsky, Louise: Violette Verdy, Drosselmeier: David Moroni, Gunther: Sylvester Campbell, Fritz: Attila Ficzere; u. a.

Dsgl.: München. Ausstattung: Jürgen Rose. Premiere: 8. 5. 1973, Nationaltheater, Ballett-Festwoche. Mitw.: Marie: Marina Eglevsky a.G., Louise: Konstanze Vernon, Drosselmeier: Max Midinet a.G., Gunther: Heinz Bosl; u.a.

Dsgl.: Fernseh-Produktion des C.B.C. Toronto, Canada, mit dem Royal Winnipeg Ballet. Regie: Norman Campbell. 1974. Mitw.: Marie: Marina Eglevsky, Louise: Violette Verdy, Drosselmeier: Max Midinet, Gunther: Sylvester Campbell; u.a.

Dsgl.: Hamburg, Hamburgische Staatsoper. Ausstattung: Jürgen Rose. Erstaufführung: 27. 10. 1974. Mitw.: Marie: Marina Eglevsky, Drosselmeier: Max Midinet, Gunther: Truman Finney, Louise: Laurel Benedict, Ballett-Solisten des Hoftheaters: Darja Michel – Eugen Ivanics, Rosa Sicart – Fred Howald, Robyn White – Caspar Hummel, Die Schöne von Granada: Marianne Manniegel, La Fille du Pharon: Silvia Winterhalder, Esmeralda: Martine Giaconi, Chinesischer Vogel: Helga Völker, Pas de quatre: Victoria Pulkkinen, Dörte Rüter, Rosa Sicart, Robyn White, Tanzende Leutnants: Maximo Barra, Waclaw Gaworczyk, Richard Gibbs; u.a.

1972 DER KUSS DER FEE

Musik: Igor Strawinsky und Peter Tschaikowsky (Feuillet d'album, op. 19, Nr. 3; »Nur wer die Sehnsucht kennt«, op. 6, Nr. 6). Ausstattung: Jürgen Rose. Premiere: 2. 1. 1972, Städtische Bühnen Frankfurt. Mitw.: Babette: Marianne Kruuse, Rudi: Maximo Barra, Die Fee: Persephone Samaropoulo, Rudis Sehnsucht: Fred Howald. – Sängerin: Agnes Baltsa; u.a.

Dsgl.: New York, New York State Theater. Premiere: 18. 7. 1974, American Ballet Theatre. Mitw.: Babette: Zhandra Rodriguez, Rudi: Ivan Nagy, Die Fee: Cynthia Gregory, Rudis Sehnsucht: Jonas Kage. – Sängerin: Christina Asher.

DAPHNIS UND CHLOE

Musik: Maurice Ravel. Ausstattung: Jürgen Rose. Premiere: 2. 1. 1972, Städtische Bühnen Frankfurt. Mitw.: Chloë: Marianne Kruuse, Daphnis: Truman Finney, Lykainion: Beatrice Cordua, Dorkon: Maximo Barra, Die Nymphen: Martine Giaconi, Rosa Sicart, Laurel Benedict; u.a.

Dsgl.: Hamburg, Hamburgische Staatsoper. Ausstattung: Jürgen Rose. Erstaufführung: 18. 10. 1973, Mitw.: Chloë: Marianne Kruuse, Daphnis: Truman Finney, Lykainion: Beatrice Cordua, Dorkon: Maximo Barra, Die Nymphen: Laurel Benedict, Darja Michel, Silvia Winterhalder; u.a.

DÄMMERN

Musik: Alexander Skrjabin. Kostüme: John Neumeier. Premiere: 3. 5. 1972. Städtische Bühnen Frankfurt. Mitw.: Laurel Benedict, Beatrice Cordua, Martine Giaconi, Marianne Kruuse, Irene Schneider, Rosa Sicart, Silvia Winterhalder, Helga Völker, Maximo Barra, Jiri Duchoslav, Truman Finney, Fred Howald, Victor Hughes, Max Midinet, Jürg Aebersold. – Am Flügel: Homero Francesch.

Dsgl.: Winnipeg, Centennial Concert Hall, u.d.T.: »Twilight«. Erstaufführung: 4. 4. 1973, The Royal Winnipeg Ballet. Mitw.: Madelaine Bouchard, Sheri Cook, Ana Maria de Gorriz, Marina Eglevsky, Petal Miller, Victoria Pulkkinen, Jane Thelan, Salvatore Aiello, Attila Ficzere, Frank Garoutte, Richard Gibbs, Craig Sterling, Terry Thomas. – Am Flügel: Homero Francesch.

Dsgl.: Hamburg. Kostüme: John Neumeier. 18. 10. 1973, Hamburgische Staatsoper. Mitw.: Beatrice Cordua, Anja Daniell, Marina Eglevsky, Martine Giaconi, Magali Messac, Dörte Rüter, Silvia Winterhalder, Salvatore Aiello, Miklos Bognar, Truman Finney, Eugen Ivanics, François Klaus, Tomislav Vukovic. – Am Flügel: Homero Francesch.

UNTERWEGS

Musik: Modest Mussorgsky (Bilder einer Ausstellung). Musik-Collage mit Verwendung der Klavier- und Orchesterfassungen sowie der Bearbeitung von Emerson, Lake and Palmer. Bühnenbild: Gunther Kieser, Kostüme: John Neumeier. Premiere: 3. 5. 1972, Städtische Bühnen Frankfurt. Mitw.: Der Spieler: Truman Finney. – Persephone Samaropoulo, Laurel Benedict, Marianne Kruuse, Max Midinet, Beatrice Cordua, Maximo Barra, Fred Howald; u.a. – Am Flügel: Homero Francesch.

Dsgl.: Ottawa, Canada. Bühnenbild: Gunter Kieser, Kostüme: John Neumeier. Premiere: 10. 1. 1974, u.d.T.: »The Game«. The Royal Winnipeg Ballet. Mitw.: Der Spieler: Craig Sterling. – Louise Naughton, Jane Thelan, Terry Thomas, Frank Garoutte, Trish Wilson, James Mercer; u.a.

Beatrice Cordua, Truman Finney, Persephone Samaropoulo.

Dsgl.: Hamburg. Premiere: 22. 6. 1975, Hamburgische Staatsoper. Nijinsky-Gala I. Mitw.: Beatrice Cordua, Truman Finney, Persephone Samaropoulo.

1972 DON JUAN

Musik: Christoph Willibald Gluck und Totenmesse von Tomás Luis de Victoria. Ausstattung: Filippo Sanjust. Premiere: 25.11.1972, Städtische Bühnen Frankfurt. Mitw.: Don Juan: Fred Howald, Frau in Weiß: Persephone Samaropoulo, Catalinón: Max Midinet, Doña Ana: Laurel Benedict, Aminta: Marianne Kruuse, Batricio: Maximo Barra.

Dsgl.: Toronto, Canada. Ausstattung: Filippo Sanjust. Premiere: 13. 2. 1974, National Ballet of Canada. Mitw.: Don Juan: Rudolf Nurejev, Frau in Weiß: Mary Jago, Catalinón: Tomas Schramek, Doña Ana: Veronica Tennant, Aminta: Karen Kain, Batricio: Frank Augustyn.

Dsgl.: Hamburg, Hamburgische Staatsoper. Ausstattung: Filippo Sanjust. Premiere: 26. 10. 1975. Mitw.: Don Juan: Fred Howald, Frau in Weiß: Persephone Samaropoulo, Catalinón: Max Midinet, Doña Ana: Magali Messac, Aminta: Marianne Kruuse, Batricio: Maximo Barra, Gonzalo: Rolf Warter, Belisa: Dörte Rüter, Miranda: Anja Daniell, Ines: Maya Li, Gaësano: Richard Gibbs, Anfriso: Waclaw Gaworczyk; u.a.

Dsgl.: Wien, Staatsoper. Ausstattung: Filippo Sanjust. Premiere: 14. 4. 1978. Mitw.: Don Juan: Franz Wilhelm, Die Frau in Weiß: Susanne Kirnbauer, Catalinón: Heinz Heidenreich, Doña Ana: Marialuise Jaska, Aminta: Christine Gaugusch, Batricio: Gerhard Dirtl, Gonzalo: Robert Minder, Belisa: Ursula Szameit, Miranda: Susanne Fichtenbaum, Ines: Elisabeth Möbius, Gaësano: Wilhelm Füllerer, Anfriso: Anton Hejna; u.a.

1972 LE SACRE (Le Sacre du printemps)

Musik: I. Strawinsky. Ausstattung: Filippo Sanjust. Premiere: 25. 11. 1972, Städtische Bühnen Frankfurt. Mitw.:

1973 TRAUMA

Musik: Harald Genzmer. Ausstattung: John Neumeier. Premiere: 10. 5. 1973, Paris, Théâtre de la Ville, Ballet-Théâtre contemporain. Mitw.: Thérèse Thoreux, Truman Finney.

Dsgl.: Hamburg. Ausstattung: John Neumeier. Deutsche Erstaufführung: 25. 3. 1974, Hamburgische Staatsoper. Mitw.: Laurel Benedict, Truman Finney.

DESIR (Pas de deux)

Musik: A. Skrjabin. Premiere: 9. 9. 1973, Hamburgische Staatsoper. Mitw.: Marina Eglevsky, Salvatore Aiello.

Dsgl.: Washington D.C. Premiere: 30. 3. 1979, American Ballet Theatre. Mitw.: Natalia Makarova, Anthony Dowell.

1974 MEYERBEER – SCHUMANN

Musik: G. Meyerbeer/G. Bialas, R. Schumann/W. Killmayer. Bühnenbild: Marco Arturo Marelli. Kostüme: Silvia Strahammer. Uraufführung: 12. 5. 1974, Hamburg, Hamburgische Staatsoper. Mitw.: Meyerbeer: Max Midinet, Schumann: François Klaus – Afrikanerin: Magali Messac, Valentine: Marianne Kruuse, Urbain: Tomislav Vukovic, Nevers: Eugen Ivanics, Raoul: Fred Howald, Priester: Rolf Warter, Bertha: Rosa Sicart, Florestan: Salvatore Aiello, Eusebius: Truman Finney, Clara Schumann: Marina Eglevsky, Schumanns Mutter: Beatrice Cordua, Friedrich Wieck: Rolf Warter, Brahms: Victor Hughes; u.a.

1974 KINDERSZENEN
(Intermezzo des Gesamtballetts »Meyerbeer/Schumann«)

Musik: R. Schumann. Premiere: 12. 5. 1974, Hamburg,

Hamburgische Staatsoper. Mitw.: Laurel Benedict, Martine Giaconi, Dörte Rüter, Rosa Sicart, Silvia Winterhalder – Salvatore Aiello, Maximo Barra, Truman Finney, Waclaw Gaworczyk, Caspar Hummel.

NACHT

Musik: G. Mahler (4. Satz der 3. Sinfonie). Kostüme: John Neumeier. Premiere: 6. 7. 1974, Stuttgart, Stuttgarter Ballett. Mitw.: Marcia Haydée, Egon Madsen, Richard Cragun.

1975 DIE STILLE

Musik: George Crumb. Kostüme: John Neumeier. Premiere: 8. 2. 1975, Hamburg, Opera stabile. Mitw.: Laurel Benedict, Beatrice Cordua, Marina Eglevsky, Marianne Kruuse, Magali Messac, Victoria Pulkkinen, Dörte Rüter, Persephone Samaropoulo, Salvatore Aiello, Richard Gibbs, Caspar Hummel, François Klaus, Tomislav Vukovic.

DRITTE SINFONIE VON GUSTAV MAHLER

Kostüme: John Neumeier. Premiere: 14. 6. 1975, Hamburg, Hamburgische Staatsoper. Mitw.: Alt-Solo: Hanna Schwarz – Zhandra Rodriguez a. G., Marina Eglevsky, Martine Giaconi, Marianne Kruuse, Darja Michel, Dörte Rüter, Rosa Sicart, Magali Messac, Robyn White, Silvia Winterhalder, Salvatore Aiello, Eduardo Bertini, Truman Finney, Fred Howald, Caspar Hummel, François Klaus, Max Midinet, Victor Hughes, Eugen Ivanics, Tomislav Vukovic, Roy Wierzbicki; u. a.

Dsgl.: Fernseh-Produktion des ZDF. Regie: John Neumeier, Klaus Lindemann. Juni 1976. Mitw.: Zhandra Rodriguez, Persephone Samaropoulo. Magali Messac, Marianne Kruuse, Victoria Pulkkinen, Robyn White, Rosa Sicart, Silvia Winterhalder, Dörte Rüter, Darja Michel, François Klaus, Truman Finney, Fred Howald, Max Midinet, Eduardo Bertini, Maximo Barra, Richard Gibbs, Eugen Ivanics, Victor Hughes, Caspar Hummel, Roy Wierzbicki.

EPILOG (Pas de deux)

Musik: Gustav Mahler (Adagietto aus der 5. Sinfonie). Kostüme: Michel. Premiere: 8. 7. 1975, New York, American Ballet Theatre. Mitw.: Natalia Makarova, Erik Bruhn.

Dsgl.: Hamburg, Hamburgische Staatsoper, 9. 5. 1976 (Nijinsky-Gala II). Mitw.: Violette Verdy, Tanju Tüzer.

1976 HAMLET – CONNOTATIONS

Musik: A. Copland (Connotations for orchestra). Kostüme: Theoni Aldridge. Dekoration: Robin Wagner. Premiere: 6. 1. 1976, New York, Uris Theater. Mitw.: Hamlet: Michael Baryshnikov, Gertrud: Marcia Haydée, Ophelia: Gelsey Kirkland, Claudius: Erik Bruhn, Geist: Bill Carter.

DER FALL HAMLET (Neufassung)

Musik: A. Copland. Kostüme: John Neumeier. Premiere: 28. 11. 1976, Stuttgart, Stuttgarter Ballett. Mitw.: Hamlet: Egon Madsen, Gertrud: Marcia Haydée, Ophelia: Lucia Isenring, Claudius: Richard Cragun, Geist: Reid Anderson.

Dsgl.: Hamburg, Hamburgische Staatsoper. Kostüme: John Neumeier. Erstaufführung: 17. 7. 1977. Mitw.: Hamlet: Max Midinet, Gertrud: Magali Messac, Ophelia: Marianne Kruuse, Claudius: François Klaus, Geist: Roy Wierzbicki.

ILLUSIONEN – WIE SCHWANENSEE

Musik: P. I. Tschaikowsky. Ausstattung: Jürgen Rose. Premiere: 2. 5. 1976, Hamburg, Hamburgische Staatsoper. Mitw.: König: Max Midinet, Mann im Schatten: Fred Howald, Prinz Leopold: Victor Hughes, Graf Alexander: Truman Finney, Prinzessin Natalia: Persephone Samaropoulo, Prinzessin Claire: Marianne Kruuse, Königinmutter: Beatrice Cordua, Odette: Magali Messac, Siegfried: Eugen Ivanics; u. a.

RÜCKERT – LIEDER

Musik: G. Mahler. Kostüme: John Neumeier. Uraufführung: 9. 5. 1976, Hamburg, Hamburgische Staatsoper (2. Hamburger Ballett-Tage). Mitw.: Magali Messac, Truman Finney – Marianne Kruuse, Max Midinet – Beatrice Cordua, Fred Howald. – Altsolo: Birgit Finnilä.

Dsgl.: Neufassung, 3.11.1976. Mitw.: Angelica Bornhausen, Lynne Charles, Beatrice Cordua, Marianne Kruuse, Magali Messac, Rosa Sicart, Dieter Ammann, Eduardo Bertini, Kevin Haigen, Tanju Tüzer. – Altsolo: Yvonne Minton.

PETRUSCHKA – VARIATIONEN

Musik: I. Strawinsky. Kostüme: John Neumeier. Uraufführung: 14.5.1976, Schwetzinger Festspiele, Hamburgische Staatsoper. Mitw.: Lynne Charles, Magali Messac, Dörte Rüter, Dieter Ammann, François Klaus, Roy Wierzbicki.

1977 JOSEPHS LEGENDE

Musik: Richard Strauss. Ausstattung: Ernst Fuchs. Premiere: 11. 2. 1977, Wien, Wiener Staatsoper. Mitw.: Joseph: Kevin Haigen, Potiphars Weib: Judith Jamison, Engel: Karl Musil, Potiphar: Franz Wilhelm.

Dsgl.: Fernseh-Produktion Unitel. Regie: John Neumeier. Ausstattung: Ernst Fuchs. 23.12.1977. Mitw.: Joseph: Kevin Haigen, Potiphars Weib: Judith Jamison, Engel: Karl Musil, Potiphar: Franz Wilhelm.

Dsgl.: Hamburg, Hamburgische Staatsoper. Ausstattung: Marco Arturo Marelli. Premiere: 18.7.1979. Mitw.: Joseph: Kevin Haigen, Potiphars Weib: Donna Wood, Engel: François Klaus, Potiphar: Ivan Liška.

Dsgl.: München, Nationaltheater. Ausstattung: Klaus Hellenstein, Kostüme: Silvia Strahammer. Premiere: 18.5.1980. Mitw.: Joseph: Kevin Haigen, Potiphars Weib: Judith Jamison, Engel: Ivan Liška, Potiphar: Franz Wilhelm.

VIERTE SINFONIE VON GUSTAV MAHLER

Ausstattung: Marco Arturo Marelli. Premiere: 31. 3. 1977, London, The Royal Opera House, The Royal Ballet. Mitw.: Wayne Sleep, Lynn Seymour, David Wall, Jennifer Penney, Denise Nunn, Wayne Eagling, Michael Coleman; u.a. – Sopran: Teresa Cahill.

Dsgl.: Hamburg, Hamburgische Staatsoper. Ausstattung: Marco Arturo Marelli. Zweiter Teil des Ballettabends »Wendungen«, 11. 12. 1977. Mitw.: Magali Messac, Colleen Scott, Kevin Haigen, François Klaus, Ivan Liška, Roy Wierzbicki. – Sopran: Helen Donath.

EIN SOMMERNACHTSTRAUM

Musik: Felix Mendelssohn-Bartholdy/György Ligeti. Mechanische u. Drehorgel-Musik. Ausstattung: Jürgen Rose. 10. 7. 1977, Hamburg, Hamburgische Staatsoper (3. Hamburger Ballett-Tage). Mitw.: Hippolyta/Titania: Zhandra Rodriguez, Helena: Marianne Kruuse, Hermia: Magali Messac, Demetrius: Tanju Tüzer, Lysander: Ivan Liška, Theseus/Oberon: François Klaus, Philostrat/Puck: Kevin Haigen, Handwerker: Max Midinet, Richard Gibbs, Waclaw Gaworczyk, Caspar Hummel, Roy Wierzbicki, Eric Emmanuele, Klaus Arp, Spinnweb: Giselle Roberge, Bohnenblüte: Robyn White, Senfsamen: Helga Völker, Motte: Marco Carrabba; u.a.

TANZ FÜR DEN ANFANG

Musik: Benjamin Britten (aus: »Gloriana«). Uraufführung: 17. 7. 1977, Hamburg, Hamburgische Staatsoper (3. Hamburger Ballett-Tage). Mitw.: Lynne Charles, Beatrice Cordua, Victoria Pulkkinen, Persephone Samaropoulo, Rosa Sicart, Kevin Haigen, Victor Hughes, Eugen Ivanics, Ivan Liška, Tanju Tüzer.

1977 ARIEL

Musik: Wolfgang Amadeus Mozart (Andante aus dem Klavierkonzert C-Dur, KV 467). Uraufführung: 17. 7. 1977, Hamburg, Hamburgische Staatsoper (3. Hamburger Ballett-Tage). Mitw.: Zhandra Rodriguez, Zane Wilson. Am Flügel: Christoph Eschenbach.

Dsgl.: Ariel: Caracas, National-Ballett Venezuela.

TANZ FÜR DEN SCHLUSS

Musik: Ralph Vaughn Williams (»Fantasia on Greensleeves«). Mitw.: Das gesamte Hamburger Ballettensemble.

STREICHQUINTETT C-DUR
VON FRANZ SCHUBERT

(Erster Teil des Ballettabends »Wendungen«)

Ausstattung: Marco Arturo Marelli. Premiere: 11.12.1977, Hamburg, Hamburgische Staatsoper. Mitw.: Lynne Charles, Marianne Kruuse, Persephone Samaropoulo, Rosa Sicart, Ivan Liška, Max Midinet, Kevin Haigen, Eugen Ivanics.

1978 ORPHEUS UND EURYDIKE

Musik: Christoph Willibald Gluck. Musikalische Leitung: Eugen Jochum. Ausstattung: Marco Arturo Marelli. Premiere: 12. 2. 1978, Hamburg, Hamburgische Staatsoper. Mitw.: Orpheus: Wolfgang Schöne, Eurydike: Judith Beckmann, Amor: Gabriele Fuchs. Im Tanz: Orpheus: François Klaus, Eurydike: Colleen Scott, Amor: Kevin Haigen, Apollon: Ivan Liška, 3 Musen: Angelica Bornhausen, Lynne Charles, Dörte Rüter; Furien: Beatrice Cordua, Kevin Haigen, Max Midinet, Roy Wierzbicki; u.a.

DORNRÖSCHEN

Musik: Peter Tschaikowsky. Ausstattung: Jürgen Rose. Premiere: 16.7.1978, Hamburg, Hamburgische Staatsoper (4. Hamburger Ballett-Tage). Mitw.: Aurora: Lynne Charles, Désiré: François Klaus, Gute Fee: Colleen Scott, Böse Fee: Max Midinet, König: Victor Hughes, Königin. Beatrice Cordua, Amme: Charlotte Bremer-Wolff, Catalabutte und Blauer Vogel: Kevin Haigen, Abendstern: Robyn White, Merkur: Gabrielle Günthard, Mond: Rosa Sicart, Sternschnuppe: Giselle Roberge, Mars: Dörte Rüter, Morgenröte: Leslie Hughes, 5 Kavaliere: Eduardo Bertini, Karel Vandeweghe, Marco Carrabba, Roy Wierzbicki, Eugen Ivanics, Florine: Marianne Kruuse.

ELEGIE (Pas de deux)

Musik: Peter Tschaikowsky (Orchester-Suite Nr. 3, 1. Satz). Uraufführung: 23.7.1978, Hamburg, Hamburgische Staatsoper (Nijinsky-Gala IV). Mitw.: Natalia Makarova, Patrick Bissell.

DIE KAMELIENDAME

Musik: Frédéric Chopin. Ausstattung: Jürgen Rose. Premiere: 4. 11. 1978, Stuttgart, Stuttgarter Ballett. Mitw.: Marguerite Gautier: Marcia Haydée, Armand D.: Egon Madsen, Manon Lescaut: Birgit Keil, Des Grieux: Richard Cragun, Prudence: Jean Allenby, Gaston: Vladimir Klos, Nanina: Ruth Papendick, Monsieur Duval: Reid Anderson, Olympia: Nora Kimball, Herzog: Marcis Lesins, Graf N.: Mark A. Neal.

1978 WEST SIDE STORY

Musik: Leonard Bernstein. Bühnenbild: Robin Wagner. Kostüme: Carrie Robbins. Premiere: 10.12.1978, Hamburg, Hamburgische Staatsoper. Mitw.: Riff: Terry Eno, Tony: Jon Garrison, Action: Bernardo Hiller, A-Rab: Daniel Cass, Baby John: Kevin Haigen, Snowboy: Hartwig Rudolz, Big Deal: Wolfgang Noack, Diesel: Roy Wierzbicki, Gee-Tar: Mark Diamond, Mouthpiece: Michael Haase, Tiger: Karel Vandeweghe, Saint: Jean-Christophe Maillot, Snake: John Tucker, Rusty: Paul Werner, Graziella: Judith Carlson, Velma: Helga Völker, Minnie: Ann Drower, Clarice: Christina Lemke, Pauline: Judith Gill, Anybodys: Lynne Charles, Rosemary: Laure Balon, Marge: Beatrice Bouquet, Cathy: Leslie Hughes, Linda: Diana Blair, Debbie: Chantal Lefèvre, Barbara: Page Perry, Sandy: Eva-Maria Braun, Bernardo: Michael Licata, Chino: Taco Ockerse, Pepe: Eduardo Bertini, Indio: Ronald Darden, Luis: Ricardo Garcia, Anxious: Vladimir Bukovec, Nibbles: Anthony Sewell, Juano: Garland Deaderick, Toro: Ronald Alexander, Moose: Pascal Le Royer, Maria: Deborah Sasson, Anita: Gillian Scalici, Rosalia: Ute Puhst, Consuelo: Julie Kaufmann, Teresita: Vesna Nikitovich, Francisca: Giselle Roberge, Estella: Madérique Dubouch, Margarita: Gabrielle Günthard, Mercedes: Iris Tenge, Carmen: Angela Bödiker, Susana: Trinidad Vives, Josefina: Wendy Roth, Doc: Horst Braun, Schrank: Peter Kybart, Krupke: Joachim Kerzel, Glad Hand: Alan Ebnother.

1979 DON QUIXOTE (Träumer)

Musik: Richard Strauss. Ausstattung: Marco Arturo Marelli. Ballett-Uraufführung: 18.7.1979, Hamburg, Hamburgische Staatsoper (5. Hamburger Ballett-Tage). Mitw.: Don Quixote: Max Midinet, Sancho: Roy Wierzbicki, Traum von Quixote: Ivan Liška, Dulcinea: Colleen Scott, Die Wahnsinnige: Beatrice Cordua, Sanchos Traum: Lynne Charles, Ritter: Eduardo Bertini, Garland Deaderick, Jean-Christophe Maillot, Thierry Michel, Pascal Le Royer; Edelfräulein: Laure Balon, Gabrielle Günthard, Leslie Hughes, Chantal Lefèvre, Giselle Roberge.

VASLAW

Musik: Johann Sebastian Bach. Ballett-Uraufführung: 21. 7. 1979, Hamburg, Hamburgische Staatsoper (5. Hamburger Ballett-Tage). Mitw.: Patrick Dupond. – Donna Wood, Colleen Scott, Lynne Charles, Persephone Samaropoulo, Lucia Montagnon, Egon Madsen, Kevin Haigen, Eugen Ivanics, Roy Wierzbicki.

SONGFEST

Musik: Leonard Bernstein. Ausstattung: John Neumeier. Premiere: 22. 12. 1979, Hamburg, Hamburgische Staatsoper. Mitw.: Marianne Kruuse, Jean-Christophe Maillot, Karel Vandeweghe, Pascal Le Royer, Mark Diamond, Persephone Samaropoulo, Ivan Liška, Roy Wierzbicki, Giselle Roberge, Beatrice Cordua, Ronald Darden, Anthony Sewell u. a. Sänger: Jeanette Scovotti, Carol Wyatt, Deborah Browne, James Wagner, William Workman, Carl Schultz.

THE AGE OF ANXIETY

Musik: Leonard Bernstein. Ausstattung: John Neumeier. Premiere: 22. 12. 1979, Hamburg, Hamburgische Staatsoper. Mitw.: Rosetta: Lynne Charles, Emble: Kevin Haigen, Quant: François Klaus, Malin: Max Midinet; Ivan Liška, Matthew Wright, Garland Deaderick, Diana Blair, Jean-Christophe Maillot, Laure Balon, Leslie Hughes, Chantal Lefèvre, Karel Vandeweghe, Béatrice Bouquet, Judith Carlson; u. a.

1980 LIEB' UND LEID UND WELT UND TRAUM

Musik: Gustav Mahler (Erste Sinfonie und 10. Sinfonie Adagio). Kostüme: Joelle Roustan. Bühnenbild: Roger Bernard. Premiere: 4. 3. 1980, Brüssel, Forest-National, Ballet du XXe Siècle. Mitw.: Jorge Donn, Jean-Yves Esquerre, Rita Poelvoorde, Shonach Mirk, Waldemar Wolk, Paola Cantalupo, Riitta Heinonen, Andrzej Ziemski, Patrice Touron, Philippe Lizon; u. a.

Dsgl.: Hamburg, Hamburgische Staatsoper. Ausstattung: John Neumeier. Deutsche Erstaufführung: 6. 7. 1980. Mitw.: Ivan Liška, Kevin Haigen, Lynne Charles, Chantal Lefèvre, François Klaus, Laure Balon, Sonia Pérusse, Jean-Christophe Maillot, Gamal Gouda, Roy Wierzbicki, Max Midinet, Giselle Roberge, Eduardo Bertini; u. a.

BACH SUITE

Ausstattung: Klaus Hellenstein. Kostüme: Silvia Strahammer. Balletturaufführung: 18. 5. 1980, München, Nationaltheater. Mitw.: Joyce Cuoco, Ulrich Busse, Anita Nietsch, Rodica Simeon, Trude Campbell, Peter Jolesch, Frank Perra, Jindrich Mikulasek.

1970 MOSES UND ARON

Musik: Arnold Schönberg. Musikal. Leitung: Christoph von Dohnányi. Inszenierung: Václav Kašlik. Bühnenbild und Kostüm: Ekkehard Grübler. Chor: Hans Brinkmann. Choreographie: John Neumeier. – Premiere: 15. 11. 1970, Frankfurt, Städtische Bühnen. Mitw.: Moses: Hans Hotter, Aron: Jaroslav Kachel. – Junges Mädchen: Julia Varadi, Junger Mann: Josef Hopferwieser, Mann: Dieter Slembeck, Priester: Dieter Weller. Tanz ums Goldene Kalb: Marianne Kruuse, Truman Finney, Beatrice Cordua, Angela Schmidt, Maximo Barra, Jiri Duchoslav; u. a.

1971 ORPHEUS UND EURYDIKE

Musik: Christoph Willibald Gluck. Musikalische Leitung: Günter Wand. Inszenierung und Ausstattung: Filippo Sanjust, Chor: Hans Brinkmann, Choreographie: John Neumeier. Premiere: 4. 7. 1971, Frankfurt, Städtische Bühnen. Mitw.: Orpheus: Agnes Baltsa, Eurydike: Ileana Cotrubas, Amor: Hannelore Machold. Im Tanz: Orpheus: Truman Finney, Eurydike: Persephone Samaropoulo, Ein Mädchen: Marianne Kruuse, Ein Liebespaar: Rosa Sicart, Max Midinet; u. a.

1972 LUSTIGE WITWE

Musik: Franz Léhar, Musikalische Leitung: Christoph von Dohnányi, Inszenierung: Otto Schenk. Bühnenbild und Kostüm: Filippo Sanjust, Chor Hans Brinkmann, Choreographie: John Neumeier. Premiere: 5. 7. 1972, Frankfurt, Städtische Bühnen. Mitw.: Zeta: Bodo Schwanbeck, Valencienne: June Card, Danilo: Harald Serafin, Hanna: Anja Silja.

TANNHÄUSER

Musik: Richard Wagner. Musikalische Leitung: Erich Leinsdorf, Inszenierung: Götz Friedrich, Bühnenbild und Kostüme: Jürgen Rose, Chöre: Norbert Balatsch, Choreographie des Bacchanals: John Neumeier. Premiere: 21. 7. 1972, Bayreuth, Festspiele. Mitw.: Hermann, Landgraf von Thüringen: Hans Sotin, Tannhäuser: Hugh Beresford, Wolfram von Eschenbach: Bernd Weikl, Walther von der Vogelweide: Harald Ek, Biterolf: Franz Mazura, Heinrich der Schreiber: Heribert Steinbach, Reinmar von Zweter: Heinz Feldhoff, Elisabeth/Venus: Gwyneth Jones, Ein junger Hirt: Walter Gampert, Vier Edelknaben: Angelika Nowomiewski, Gerda Prochaska, Rosemarie Stauder, Natsue von Stegmann. Bacchanalsolisten: Beatrice Cordua, Fred Howald.

1973 DE TEMPORUM FINE COMOEDIA
(Das Spiel vom Ende der Zeiten)

Musik: Carl Orff. Dirigent: Herbert von Karajan. Inszenierung: August Everding, Bühnenbild: Günter Schneider-Siemssen, Kostüme: Andrzej Majewski, Orchester: Das Kölner Rundfunk-Sinfonie-Orchester, Chöre: Der Kölner Rundfunkchor u. a., Bewegungsregie: John Neumeier. Uraufführung: 20. 8. 1973, Salzburg, Festspiele. Mitw.: Sibyllen: Colette Lorand, Jane Marsh, Kay Griffel, Gwendolyn Killebrew, Kari Lövaas, Anna Tomowa-Sintow, Heljä Angervo, Sylvia Anderson, Glenys Loulis. Anachoreten: Wayne Geis, Hans Wegmann, Hans Helm, Wolfgang Anheisser, Siegfried Rudolf Frese, Hannes Jokel, Hermann Patzalt, Anton Diakov, Boris Carmeli. Chorführer: Josef Greindl, Altsolo: Christa Ludwig, Tenorsolo: Peter Schreier, Lucifer: Wilhelm Seledec.

1974 FALSTAFF

Musik: Giuseppe Verdi. Musikalische Leitung: Anton Guadagno, Inszenierung: Götz Friedrich, Bühnenbild: John Gunter, Kostüme: Harold Waistnage, Chöre: Helmut Fellmer, Choreographie: John Neumeier. Neuinszenierung: 3. 2. 1974, Hamburg, Hamburgische Staatsoper. Mitw.: Falstaff: Norman Mittelmann, Ford: Tom Krause, Fanton: Harald Ek, Cajus: Peter Haage, Bardolfo: Heinz Kruse, Pistola: Kurt Moll, Mrs. Ford: Judith Beckmann, Nanetta: Jutta-Renate Ihloff, Mrs. Quickly: Hanna Schwarz, Mrs. Page: Elisabeth Steiner, Wirt: Hans Thiem.

CHOWANSCHTSCHINA

Musik: Modest Mussorgsky, Musikalische Leitung: Horst Stein, Inszenierung: August Everding, Ausstattung: Andreas Majewski, Chöre: Günther Schmidt-Bohländer, Choreographie: John Neumeier. Erstaufführung: 28.9.1974, Hamburg, Hamburgische Staatsoper. Mitw.: Iwan Chowanskij: Nicolai Ghiaurov, Andrej Chowanskij: Wieslaw Ochman, Golizyn: Harald Ek, Schaklowitij: Bernd Weikl, Dossifej: Martti Talvela, Marfa: Christa Ludwig, Schreiber: Peter Haage, Emma: Judith Beckmann, Warssonowjew: Peter Klose, Kusjka: Kurt Marschner, 1. Strelez: Ernst Wiemann, 2. Strelez: Toni Blankenheim, Streschnjew: Erland Hagegaard, Perserinnen: Anja Daniell, Gaby Holtz, Darja Michel.

1978 OTHELLO

Musik: Giuseppe Verdi, Musikalische Leitung: Carlos Kleiber, Inszenierung: John Neumeier, Bühnenbild und Kostüme: Jürgen Rose, Chöre: Wolfgang Baumgart. Premiere: 25. 1. 1978, München, Bayerische Staatsoper, Nationaltheater. Mitw.: Othello: Carlo Cossutta, Jago: Piero Cappuccilli, Desdemona: Julia Varadi.

1979 AIDA

Musik: Giuseppe Verdi, Musikalische Leitung und Inszenierung: Herbert von Karajan, Bühnenbild: Günther Schneider-Siemssen, Kostüme: Georges Wakhevitch, Choreographie: John Neumeier, Choreinstudierung: Walter Hagen-Groll. Premiere: 26. 7. 1979, Salzburg, Festspiele. Mitw.: Der König: Ruggero Raimondi, Amneris: Marilyn Horne, Aida: Mirella Freni, Radames: José Carreras, Ramphis: Nicolai Ghiaurov, Amonasro: Piero Cappuccilli. Ballett: Mitglieder des Wiener Staatsopernballetts.

GASTSPIELE DES BALLETTENSEMBLES DER HAMBURGISCHEN STAATSOPER:

Granada: (XXIII. Festival International de Musica y Danza)	28. 6. 1974	»Allegro brillante«/»Désir«/ »Rondo«/»Jeu de cartes«
	29. 6. 1974	»Dämmern« 3 Pas de deux aus »Romeo und Julia«/ »Divertimento Nr. 15«
	30. 6. 1974	»Kinderszenen«/Aus »Schwanensee« 2 Pas de deux/»Trauma«/»Jeu de cartes«
Israel Festival 1974 Jerusalem:	21. 8. 1974	»Dämmern«/»Kinderszenen«/»Trauma«/»Rondo«
Tel Aviv:	23./24. 8. 74	»Romeo und Julia«
Caesarea:	27. 8. 1974	»Romeo und Julia«
Bremerhaven: (Stadttheater)	19. 11. 1974	»Dämmern«/»Kinderszenen«/»Trauma«/»Rondo«
Venedig/Italien: (Danza 75)	24./25. 6. 75	»Dritte Sinfonie von Gustav Mahler«
	26. 6. 1975	»Dämmern«/»Rondo«/ »Le Sacre«
	27. 6. 1975	»Kinderszenen«/»Désir«/ »Die Stille«
Stuttgart: (Stadttheater)	18./19. 11. 75	»Dritte Sinfonie von Gustav Mahler«
Ludwigshafen: (Neuer Pfalzbau)	20. 11. 1975	»Dämmern«/»Rondo«/ »Le Sacre«
Frankfurt-Hoechst: (Jahrhunderthalle)	22. 11. 1975	»Dritte Sinfonie von Gustav Mahler«
Luxemburg: (Nouveau Théâtre)	29./30. 11. 75	»Dritte Sinfonie von Gustav Mahler«
Schwetzingen: (Festspiele)	14.-16. 5. 1976	»Dämmern«/»Petruschka-Variationen«/»Don Juan«
Paris: (Théâtre de la Ville)	15./27. 6. 76	»Dämmern«/»Rondo«/ »Le Sacre«/»Désir«/ »Trauma«/»Die Stille«/ »Dritte Sinfonie von Gustav Mahler«
Haifa: (Auditorium)	21.-27. 9. 76	»Kinderszenen«/»Trauma«/ »Désir«/»Petruschka-Variationen«/»Le Sacre«
Tel Aviv: (F. Mann Auditorium)	22./23./30. 9. 76	»Dritte Sinfonie von Gustav Mahler«

	28./28.9.76	»Kinderszenen«/»Désir«/ »Petruschka-Variationen«/ »Le Sacre«
Jerusalem:	26.9.1976	»Dritte Sinfonie von Gustav Mahler«
Danzig: (Hamburger Tage 77)	19./20.5.77	»Dritte Sinfonie von Gustav Mahler«
Wien: (Wiener Festwochen 77)	27./29.5.77	»Dritte Sinfonie von Gustav Mahler«
Florenz: (Maggio musicale Fiorentino 1977)	1.-5.6.77	»Petruschka-Variationen«/ »Epilog«/»Die Stille«/ »Le Sacre«
Berlin: (Berliner Festwochen 77)	13./14.9.77	»Dritte Sinfonie von Gustav Mahler«
Brüssel: (Europalia 77)	30.9.-4.10.77	»Dritte Sinfonie von Gustav Mahler«
Stuttgart: (Staatstheater)	14./15.3.78	»Ein Sommernachtstraum«
Frankfurt-Hoechst: (Jahrhunderthalle)	17.3.1978	»Ein Sommernachtstraum«
Luxemburg: (Théâtre municipal)	19./20.3.78	»Wendungen«
Esch/Luxemburg: (Théâtre municipal)	21.3.1978	»Kinderszenen«/»Désir«/ »Die Stille«/»Petruschka-Variationen«
Saarbrücken: (Staatstheater)	23.3.1978	»Wendungen«
München: (Staatsoper)	4.-6.4.78	»Illusionen – wie Schwanensee«/»Ein Sommernachtstraum«
Leverkusen: (Forum)	8.4.1978	»Ein Sommernachtstraum«
Helsinki: (Hamburger Wirtschaftstage 78)	2./3.10.78	»Dritte Sinfonie von Gustav Mahler«
Warschau: (Theater- und Filmtage der Bundesrepublik Deutschland in Warschau 1979)	19./20.1.79	»Ein Sommernachtstraum«
Paris: (Théâtre de la Ville)	20.5.-4.6.79	»Ein Sommernachtstraum«/ »Wendungen«/»Petruschka-Variationen«/»Le Sacre«
Leverkusen: (Forum)	29.10.1979	»Dritte Sinfonie von Gustav Mahler«
Köln: (Oper)	31.10./1.11.79	»Ein Sommernachtstraum«
Luxemburg: (Nouveau Théâtre)	19./20.2.80	»Ein Sommernachtstraum«
Stuttgart: (Staatstheater)	22./23.2.80	»Songfest«/»The Age of Anxiety«
Mannheim: (Nationaltheater)	26./27.2.80	»Ein Sommernachtstraum«
Bremerhaven: (Stadttheater)	19.3.80	»Dritte Sinfonie von Gustav Mahler«
Ludwigshafen: (Neuer Pfalzbau)	27.3.80	»Dritte Sinfonie von Gustav Mahler«
Frankfurt-Hoechst: (Jahrhunderthalle)	29.3.80	»Songfest«/»Vaslaw«/ »Le Sacre«
Bukarest/ Rumänien (Opernhaus):	14./15.4.80	»Ein Sommernachtstraum«
Lausanne/Schweiz: (Théâtre Beaulieu)	17./18.5.80	»Ein Sommernachtstraum«
Bregenz/Österr. (Neues Festspielhaus)	21./22.5.80	»Ein Sommernachtstraum«
Wiesbaden: (Internationale Maifestspiele 80)	29./30.5.80	»Ein Sommernachtstraum«

THE SLEEPING BEAUTY

»The Sleeping Beauty« represents a breakthrough to the symphonic ballet. As concieved by Tschaikowsky and Petipa, the ballet is not dramatic but allegorical or mythical in its form and content. One might say its central theme is simply the victory of love over the powers of evil. The pillars in Petipa's choreographic concept are the four great adagios: the adagio and divertissment of fairies in the prologue, the »Rose Adage«, the »Vision« of the second and grand pas de deux of the last act. The remaining parts of the ballet, including the narrative sections, were composed around these central moments of pure dance which embody the poetic content of the fairy tale.

Approximately one hundred years have passed since the premier of »The Sleeping Beauty«. In my concept of the ballet I have tried to use this timesplan to make a point about ballet history, but also to return to an idea from the original fairy tale. Its author, Charles Perrault, set »La Belle au Bois Dormant« in his own time, making Prince Desiré his contemporary and Princess Aurora fall asleep exactly one hundred years before the moment the story was written. Consequently, part of the charm of the story resulted from Desiré's (and surely Perrault's reader's) reaction to Aurora's old fashioned dress and speech at her awakening. In my version of »The Sleeping Beauty«, I have tried to achieve a similar effect and to recreate this charming aspect of Perrault's story by contrasting the style of Petipa's one hundred year old choreography with my own. Thus, Aurora speaks the choreographic language of Petipa, Prince Desiré that of Neumeier.

Originally, Petipa and Vsevolosky, the director of the Imperial Theatres, ignored this play between present and past time in their conception, and, because of political considerations, dated the story back to the periods of Louis XIV and Louis XV. By transposing the piece into the more distant past – a time spanning High Baroque and Rococo – the dimension of time which gave the tale its original character was blurred and its comtemporary frame lost.

I have tried to do both Perrault and Petipa justice! By highlighting the traditional spirit of the work through careful reconstructions of the Petipa adagios, and by putting them in historical perspective through the introduction of modern dance elements, I have tried to restore the contemporary framework originally intended by Perrault, while keeping the piece intact as a great ballet classic of the nineteenth century.

THE HAMLET CASE

The transforming of literary characters into those of dance is most easily accomplished with those who »do« something! In ballet, contrary to literature or dramatic theatre, an idea can only be expressed through the medium of visible action. I believe however, that movement can give shape not only to the physical, but also to the spiritual or metaphysical actions of a person.

My ballet »The Hamlet Case« for example, functions almost entirely on such inner, emotional or spiritual levels. The play »Hamlet« offers few situations that are »dancable«. An evening long ballet of the work seems unfeasible me to. My concept for the ballet concentrates, therefore, on essences. Choosing one specific moment in the plot – shortly after the murder of Hamlet's father – the choreography explores the inner reactions of the characters to this crime, and the consequences of these reactions.

The form of the ballet is simple. It begins with the four main characters in silhouette, the body of Hamlet's father lying horizontally before them. In a solo representing their »testimony«, each dancer must separately transverse the body thus describing aspects of their characters, and in the act of »stepping over« signify his eventual continuation of life. Hamlet is unable to step over the body, thus providing through his non-action the central action or conflict of the ballet – and Shakespeare's play.

No stage setting or period costumes is used. No recognizable description of time or place is given in the ballet. The dancers, wearing simple practice clothes, have only their bodies as instruments of expression.

A MIDSUMMER NIGHT'S DREAM

The brilliant interlacing of three completely different worlds in Shakespeare's »A Midsummer Night's Dream« has always fascinated me. In my ballet, I tried to define these three worlds accoustically, because for me dance is primarily determined by music. Mendelssohn's incidental music for the play and added overtures present a romantic-aristocratic world and provide the period of the action. Nostalgic fragments of the music of organ-grinders, harmonium, and music boxes accompany the Rustics, and indicate the popular world of simple artisans. The organ sounds of Ligeti's music bring a supernatural element and cosmic dimension to the fairy world of Titania and Oberon. To give visualization to each of these three musical forms a parallel and specific movement language had to be found.

For my concept, the choreographic worlds had to be so optically opposed that when they were interlaced each would be distinguishable from the other. If a character overstepped his boundries into the »wrong« world, so to speak, he should immediately appear out of place – not to mention , that he would be dancing off the music!

Naturally, after the worlds had been separated and a specific choreographic style found for each, the problem was welding them together. To achieve this unity, the basic symbol of the marriage used in the framing episodes of the preparation for, and wedding of, Theseus and Hippolyta was surely important. It is generally assumed that Shakespeare wrote his play for the marriage of William Stanly Earl of Derby to Elizabeth Vere. Also, Puck who manoevres his way through all three worlds, throwing everyone into turmoil, and who later restores normality serves as a connecting link in the ballet. The most important unifying factor, however, is perhaps the theme of love itself. At one time, in fact, I wanted to title the ballet »A Midsummer Night's Dream or Variations on Love«. For me, the play is essentially an exploration of the mystery of human love in all its touching, erotic, and comic variants.

THE TAMING OF THE SHREW

While creating his ballet »The Taming of the shrew«, John Cranko often commented upon how the plots of Shakespeare's works usually revolve around the mistaking of appearance for reality. Thus, the juxta-position of »seeming and being« became naturally the central theme of his ballet.

A simplified treatment of Shakespeare's work was needed to translate this theme into the language of ballet. Cranko's development of and concentration on the two principal characters made the gradual change from appearance to reality, the fundamental action while disgarding completely various minor actions and characters within the play. In short, the apparently malicious Kate is confronted by the seemingly enamoured Petruccio, who succeeds in taming her by assuming airs of extreme husbandly concern with calculated brutal results. His actions mirror Kates own defensively shrewish behaviour. In the end, her ostensibly sweet sister Bianca reveals the true qualities of a shrew.

Thus, the three pas de deux for Kate and Petruccio reveal the dramatic essence of the ballet. John Cranko once told me in simple terms their progressive themes. In the first he explained, Kate has the upper hand: Petruccio is her suiter and her violent rejection of him seems to demonstrate her strength. In the second she is now Petruccio's wife and his seemingly sweet but drastic marital education gives him now the upper hand. In the third, both characters discard their rôles and unmasked find each other. The balance of their love finds form in the balanced ecstasy of the last pas de deux.

VASLAV

The ballet »Vaslav« was intended to be a simple tribute to the dancer Vaslav Nijinsky. Utilizing an unrealized plan of Nijinsky for a ballet to Bach music (which would, incidently have been the first Bach ballet!), I wanted to choreograph a divertissment using some of our guests as well as the soloists of my company for the fifth Nijinsky Gala. It was not intended to be a dramatic work. In fact,

after I had completed the first two pas de deux, (which revealed a new simplicity uncharacteristic of my earlier choreographic style) »Harmless Dances« entered my head as a possible title for the work.
Later, working with Patrick Dupond, the purely formal simplicity of the choreography underwent a vast change. Through improvisation with Patrick I was inspired by his most special qualities and technical facility. A new, more emotional, type of movement emerged. Fragments of Nijinsky's choreographies and his famous rôles crept unexpectedly into my own choreographic language. It became impossible for me to choreograph a tribute to Nijinsky without being strongly influenced by his personal tragedy. Patrick's instinct helped me tremendously in creating a mini-portrait which hadn't originally been intended.
At first, it seemed that I was creating two ballets at one time. Only later, after seeing the finished ballet I did realize the relationship between the figure of Vaslav himself and the almost mathematical figures of his own unrealized choreographic fantasy in my own work. Out of the tension between the dances in Nijinsky's mind and heart, and his steadily declining powers of articulation, a psychodrama had emerged.

WEST SIDE STORY

This musical dates back to the beginnings of my career in the theatre. My first »paid job« was as a dancer in a summerstock version of »West Side Story« in Chicago. For colleagues of my generation, who at that time were about the same age as the characters in the play, the situations and emotions of the story were »real« – we could identify. For this reason the première in 1957 was somewhat of a theatrical revolution and the show is always colored for me with a degree of personal as well as professional nostalgia.
Today, after years of practical experience in ballet, I see the work with different eyes, so to speak. Therefore, the prospect of returning to »West Side Story« as director and choreographer excited and stimulated me immensely. In fact, I find that a definite parallel exists between Gluck's »Orpheus and Eurydice« and Bernstein's musical, that both works use dance as an essential expressive element. Ideally, then such theatrical pieces should, by their nature, be directed and staged by a choreographer.
I have always made a conscious attempt to familiarize my dancers with the widest possible range of movement and the various forms of dance theatre. In this production it was necessary to go a step further, as the dancers had not only to master a new form of movement, but to sing as well. Months of vocal training were needed to establish control of the yet undiscovered muscles needed for singing as well as for speaking – not an easy matter for otherwise silent artists.
I have a tremendous amount of pride and respect for an ensemble which can perform »the Sleeping Beauty« and »West Side Story« on consecutive evenings – especially with the same ballerina dancing »Anybodys« one night and »Aurora« the next!

ORPHEUS AND EURYDICE

The dancer's possibility of portraying at the same time an inner and outer world has always fascinated me. The dancer provides an »outer«, a sensual world by means of the physical presence or beauty of his body. On the other hand, through dance technique, that is, through the seemingly superhuman articulation and control he achieves through training, the instrument of his own body can suggest an »inner« or supernatural world.
Applying this principle to my production of »Orpheus and Eurydice«, I intended to go a step further. Singers must of course portray the principal parts and so the physical contrast between singer and dancer could be used dramatically. The main figure of Orpheus then would present a movement norm for the piece. As he wanders through the opera, his »normal« human movements would be contrasted to those of dancers, whose distorted or glorified movements could make the stations of his journey clear. At the beginning for example, the mourners at Eurydice's grave represented by singers, move in the same manner as Orpheus and belong clearly to his world. But upon entering the underworld he encounters creatures whose movement style is clearly inhuman, a deformation of his own. In much the same manner the ethereal figures of the Blessed Spirits, with their weightless steps and repeated horizontal lines, give

the impression of supernatural calm. Again, from a movement point of view – not of his world. The »conventional« Baroque passages of the opera, the scenes of Amour for example, are put into historical perspective through their stylized and artificial movements. They serve as reminders of the time in which the opera was composed, and as a contrast to the timeless grief of Orpheus.

SONGFEST/THE AGE OF ANXIETY

Poetry and dance are basically unrealistic art forms, and express best that which cannot be conveyed through simple anecdote or direct narrative. As poetry speaks in word metaphors so dance speaks in metaphors of human movement.

Throughout the ages, choreographers have often been inspired by poetry. However, a successful »poetic ballet« does not paraphrase verse in movement because it could then serve only as a reminder, a substitute for the original poem. I believe the choreographer using the suggestion of a poetic vision, a potent phrase, or the dynamic of a single word image can create his own independant world in dance – create a ballet inspired by, but able to stand without reference to the source of its inspiration.

My own earliest ballets were often based on poetry. With the two Bernstein works I returned to the power of verse for inspiration. In this case, however, the same words had already inspired a composer, and after a thorough study of all poets and poems, Bernstein's music remained my immediate and constant partner during creation. Visualization was my specific problem – giving words and music space and time. For the stage therefore, the two ballets »Songfest« and »The Age of Anxiety« have symbolic settings as well as precise times of day during which their action occurs. »Songfest« plays in a park, in the open air – a single tree, a park bench reminiscent of America. It could be the fourth of July. The ballet begins in the early morning and ends at nightfall. In contrast, »Age« is closed into the shadows of an American bar. It is night when the ballet begins and dawn at its conclusion – as the sun rises on the same »Songfest« park.

In »Songfest« I attempted to give each poem a specific choreographic style, intended not only to interpret the particular poem but also to transform into movement the world and general spirit of each poet. In each of the twelve sections of the work, the choreographic language is »American«, the situations, on the other hand, universal.

»The Age of Anxiety«, like the poem which inspired it, uses something of a connecting storyline. A simple situation: four people meet in a bar. The symphony itself explores the inner worlds of these characters, their fears, and their relationships. To make the metaphysical nature of Bernstein's music clear I decided to use a popular musical sound to stage a prologue set in Auden's »Third Avenue Bar«, providing the four characters with a jumping off point into their inner worlds. Leonard Bernstein suggested his song »Ain't Got No Tears Left« for this purpose. Strangely enough, the piece was originally written for »On The Town« (later omitted from the show before the première in 1944), then used by the composer as a motif in the fourth movement of »Age«. The inclusion of this unpublished song provides an important link between the fourth movement »Masque« and the bar in the prologue scene, helping also to clarify the various levels of the ballet. The piece was orchestrated in the style of Glenn Miller, suggesting the New York atmosphere during the 1940's – implicit in Auden's poem.

DREAMERS
DON QUIXOTE/LEGEND OF JOSEPH

At first, I had a great problem with the idea of choreographing Strauss' »Legend of Joseph«. The story seemed too simple for its rich music, and an unsuccessful seduction hardly an interesting theme for such a long ballet! It was the depiction of character and motive in Kessler's concise foreword to Hoffmannsthal's libretto that finally attracted me and Strauss' »Symphonic Fragment« of the ballet music that made the construction and development of motif in the longer score clear. After a closer study of the Old Testament, I was surprised at how little significance it attached to the incident in Potiphar's house compared to the importance of the Joseph figure as prophet and leader. I became aware that not only Joseph's duality – the sensual plus metaphysical aspects of his character, and the struggle between the erotic world of Potiphar's wife and the spiritual world of the angel, but that the ballet must also somehow make clear Joseph's prophetic function. And most importantly, it must be a modern ballet – that is, character, theme, and situation must be realized choreographically, without the use of pantomime or pompous decor!

With »Don Quixote« it was the music which immediately attracted me – for years I had wanted to choreograph this piece. Although based on the novel by Cervantes, Strauss' tone poem, does not attempt to tell the entire Quixote story. Through the use of short variations it presents quickly changing and contrasting musical fragments, which conjure up pictures from the novel. This technique results in something very dreamlike: a dream in which the situations change quickly and smoothly, and in which one is transfered from one action or atmosphere to another, without knowing how one got there. A dream finding its unity only in the sub-conscious of the dreamer. It was exactly this »dreamer« of Cervantes that interested me most in reading through the many complicated stories and episodes of the novel. To me, it was the character of Don Quixote himself, in his quintessence, who gave to all the chaos a unity. To reproduce the narrative elements of Cervantes' story seemed to me neither suitable nor pertinent to the ballet. I was motivated by the idea of choreographing a portrait of a man – like Don Quixote – and of examining his dreams.

WENDUNGEN (TURNING POINTS)

Schubert's String Quintet in C Major/Mahler's Fourth Symphony

From the first hearing, I loved Mahler's Fourth Symphony and Schubert's String Quintet in C major. Before combining the two works in Hamburg into the program called »Wendungen«, which means »Turning Points«, I had already choreographed the fourth Mahler for the Royal Ballet in London, and had once attempted a ballet using the second movement of the Schubert Quintet for Nederlands Dans Theatre. The latter project, however, was scrapped before completion, so that the Hamburg version of this work was a completely new ballet. The Mahler Symphony I also reworked for my own company. Certain similar qualities in the music and an emotional world common to both composers made me decide to combine the two works. Aside from the abundance of melodic invention and the sometimes surprising naivety in nearly all the works of both composers, it was primarily the sense of ambivalence in their music that fascinated me – the constant interplay between intuition and order, between emotion and form. I hear an emotional inner and a sensual outer world which I have tried to translate into movement.

After having nearly completed both ballets, I decided to call the program »Wendungen«, a title reminiscent of the lyrical world of R. M. Rilke. The word, it seemed to me, could describe most poetically the themes which the two works had taken on in my choreography: that is, the two most important turning points in our existence – death and birth, dying and becoming, the way in and out of life. The ballets should not describe or dramatize anything, but, like poetry, express on a lyrical plane and suggest by using the metaphors of movement. Later, I found again some notes I had jotted down before beginning the choreography. Regarding Schubert I wrote in a notebook:

»It could be the slow expiration of life death itself (the second movement), or mourning for the loss of a friend, memories and the distress of those left behind – aspects of the process of death translated into quite formal choreographic pictures. Schubert's many repetitions have for me a very precise and profound dramatic significance; they are like a wish – when a life is coming to its end, when death is approaching to continue life, to repeat again – like the recurrence of that one thought, just ›once more‹ before it's over – surely, a very human thought.«

Preparing for my choreography of the Fourth Symphony in London, I wrote in my diary in Skiathos, July 1976:

»– the first movement: the birth of a human being and his development – in terms of dancing, the discovery of movement. It seems to me the symphony could be expressing a double longing – the longing of a child to be grown up, and the longing of an adult for the purity, the lost paradise of childhood.«

Verlegt vom Hans Christians Verlag
und dem Hamburger Abendblatt
im Jahre 1980